마음을 낚는 이야기꾼 웹소설 작가 되기

웹소설 작가되기

마음을 낚는 이야기꾼

ⓒ양효진·정연주 2014

초판 1쇄	2014년 4월 21일
초판 6쇄	2020년 10월 23일

지은이　　양효진·정연주

출판책임	박성규	펴낸이	이정원
편집주간	선우미정	펴낸곳	도서출판 들녘
편집	이동하·이수연·김혜민	등록일자	1987년 12월 12일
디자인	한채린·김정호	등록번호	10-156
마케팅	전병우		
경영지원	김은주·장경선	주소	경기도 파주시 회동길 198
제작관리	구법모	전화	031-955-7374 (대표)
물류관리	엄철용		031-955-7381 (편집)
		팩스	031-955-7393
		이메일	dulnyouk@dulnyouk.co.kr
		홈페이지	www.dulnyouk.co.kr

ISBN	978-89-7527-633-0(14370)	CIP	2014011554

이 도서의 국립중앙도서관 출판예정도서목록(CIP)은 서지정보유통지원시스템 홈페이지(http://seoji.nl.go.kr)와 국가자료공동목록시스템(http://www.nl.go.kr/kolisnet)에서 이용하실 수 있습니다.

값은 뒤표지에 있습니다. 잘못된 책은 구입하신 곳에서 바꿔드립니다.

푸른들녘 미래탐색 004 웹소설 작가

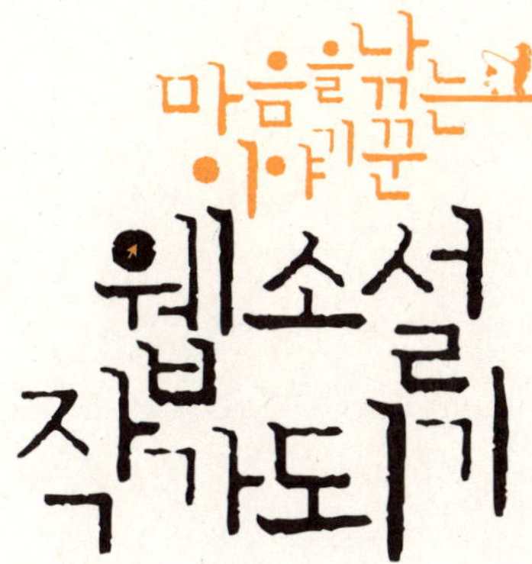

마음을 낚는 이야기꾼 웹소설 작가되기

양효진 · 정연주 지음

들녘

창작의 보상은 곧 창작 그 자체다

_헨리 밀러

우리는 알 작가입니다

추운 겨울바람에 목도리를 둘둘 두르고, 봄은 언제 오나 하늘을 바라보던 때가 엊그제 같은데 벌써 날이 성큼 따뜻해졌어요. 시간은 금방 지나가고 어느 새 계절이 바뀌었습니다.

저희 두사람을 모르시는 분들을 위해 자기소개를 먼저 할게요. 이름은 책 표지에 적혀 있으니 다들 아실 겁니다. 양효진, 정연주. 어디서나 볼 수 있는 평범한 이름을 가진 저희는 옆집 언니나 누나도 아니고, 과외 선생님도 아니고, 심지어 직장인도 아닌…… 예, 글쟁이입니다. 글을 쓰는 사람들이지요. 다른 말로는 '작가'라고도 하고요. 수많은 작가들 중에서도 아직 초보 중의 초보! 글을 오래 쓰지도 못했고 엄청 잘 쓰는 것도 아닌, 알 작가입니다. 훌륭한 대작을 쓰는 닭 작가가 되려면 많은 정진이 필요하기 때문에 항상 퍼덕거리고 있답니다.

그럼 이제 저희의 정체를 아셨으니 이 책이 어떻게 나오게 되었는지 그 과거사를 풀어봐야겠네요. 음, 알 작가인 저희는 원래 소설을 썼어요(물론 지금도 열심히 쓰고 있고요). 둘 다 인터넷 웹소설 사이트에서 소설을 연재한 뒤 완결이 나면 출판하는 연재 작가를 하고 있었답니다.

일을 하다 보면 여러 출판사에서 많은 작품을 내게 되어요. 저희는 주로 판타지와 로맨스 소설을 썼기 때문에 장르 소설을 주력으로 내는 곳과 일을 많이 했어요. 출간도 이북으로 거의 했고요. 그런데 정연주 작가가 2013년에 연재한 「기화, 왕의 기생들」이라는 작품이 굉장히 많은 인기를 얻게 되었습니다. 종이책 단행본을 원하는 독자님도 매우 많았고요. 그래서 단행본 출간을 결정했고, 마땅한 출판사를 찾은 끝에 (역사 로맨스라 편집이 쉽지 않은 부분도 있었거든요) 들녘과 작업하게 되었습니다.

웹소설 연재 작가라는 직업은 생긴 지 얼마 안 된 신생 직업이랍니다. 마침 그 시기, 들녘에서는 청소년에게 새로운 직업에 대해 소개하는 시리즈를 만들고 있었어요. 정연주 작가가 업무 미팅을 갔을 때 막 '푸른들녘 미래탐색 시리즈 002'인 『별을 꿈꾸다』가 나왔지요. 이북과 인터넷 연재에 대해 이것저것 말하는 정작가를 본 편집부에서 청소년 교양서적을 써보자고 하신 겁니다.

하지만 아무리 생각해도 게임 캐릭터로 따지자면 초급 레벨인 알작가 혼자서 한 번도 써본 적이 없는 교양서적을 쓴다는 건 불가능! 교양서적 집필은 보통 레벨을 만렙까지 찍은 교수님, 선생님, 각 분야의 전문가가 쓰시거든요. 그래서 정작가는 같은 초급 레벨이지만 출간 경력이 콩알만큼 더 많은 양작가를 불러 손을 잡고 팀을 만들었습니다. '교양서적이라는 난이도 고급의 던전'을 공략하는 파티를 구성한 겁니다! 물론 초급 레벨이 모여봤자 쓸 수 있는 스킬은 초급 스킬밖에 없지요. 그래서 만렙에 만능 캐릭터인 편집부장님을 리더로 모셨습니다. 난관에 부딪치면 고급 스킬을 마구 날리는 부장님의 등 뒤에서 몇 달간 열심히 던전을 공략한 끝에 작업을 마칠 수 있었지요.

　사실 저희도 아직 알 작가인데 남에게 자세한 지식을 전달하는 이런 책을 써도 되는 것인가……. 원고를 쓰는 내내 둘은 고민하고 또 고민했습니다. 작가라는 직업의 특성 때문에 망설임도 많았고요. 이 책을 읽는 독자님들도 아시겠지만 작가는 수입도 불안정하고, 마감도 힘들고, 성공하는 사람도 적어요. 해마다 수많은 작가 지망생들이 원고를 투고하고 베스트셀러를 꿈꾸며 책을 출간하지만 몇 년 후, 전업 작가로 남는 이는 극소수입니다.

　인터넷의 발달로 웹소설 작가라는 새로운 직업의 세계가 열렸지만, 이 길도 아직은 가시밭이랍니다. 힘든 정도가 다른 직업과 비교할 때 크게 다르지 않거든요. 독자에게 작품을 보여줄 수 있는 공간과 기회가 점점 늘어나고 있고, 이북 제작 기술의 발달과 유통망 다양화에 힘입어 예전보다 출간이 쉬워지기는 했어요. 하지만 전업 작가의 삶은 여전히 고달픕니다. 작가에게 엄청난 노력을 요구하거든요.

　"저기요, 그럼 두 작가님은 왜 웹소설 작가를 하세요?"
　이런 의문을 갖는 분도 계실 거예요. 글쎄요, 저희도 잘 모르겠습니다. 왜 이걸 계속하고 있는 건지……. 아마도 아직 글을 쓴 기간이 얼마 되지 않다 보니 지겨움을 느껴본 적이 거의 없어서가 아닐까요? 아니면 독자님한테서 받은 짧은 감상문을 잊지 못해서 키보드에 손을 올리는 것일 수도 있습니다. "이번 편 정말 재미있었어요.

빨리 다음 편을 읽고 싶어요. 정말 완전 궁금해요!"라는 댓글들이야말로 저희에게 다음 편으로 나가게 해주는 가장 큰 원동력이거든요. 아마 다른 작가님들도 비슷하실 거예요.

저희 두 사람이 처음 계약을 하고 웹소설 연재를 시작했을 때에는 연재 작가에 대한 정보가 나와 있는 책이 없었어요. 그 때문에 저희는 물어볼 사람도 없고 찾아볼 자료도 없는 막막함 속에서 많은 시행착오를 겪어야 했지요. 그래서! 이 책에는 실제로 웹소설 작가가 될 경우에 활용할 수 있는 실무 정보를 많이 넣었습니다. 틀림없이 요긴하게 쓰일 것입니다.

"어떤 직업을 가지고, 어떤 삶을 살아갈 것인가?"
여러분 스스로 선택하고 결정할 문제이겠지요? 그리고 어떤 직업과 삶을 선택했든 여러분은 그에 따른 장·단점 또한 전부 끌어안아야 합니다. 도망가지 않고 씩씩하게 말이지요! 웹소설 연재 작가도 마찬가지예요. 많은 독자님에게 기쁨과 즐거움, 행복한 기다림을 선물할 수 있다는 장점이 있지만, 반면 힘든 마감과 불안정한 수입을 감수해야 한다는 단점도 있거든요.

모쪼록 저희 두 사람이 마음과 머리를 모아 쓴 이 책이 미래를 고민하는 여러분에게 작으나마 도움이 되길 바랍니다. 그랬으면 참 좋겠습니다. 유쾌한 글쟁이를 꿈꾸는 예비 작가님들, 모두 파이팅입니다!

차례

Thanks to

1부

너희가
웹소설
작가를
아느냐
?

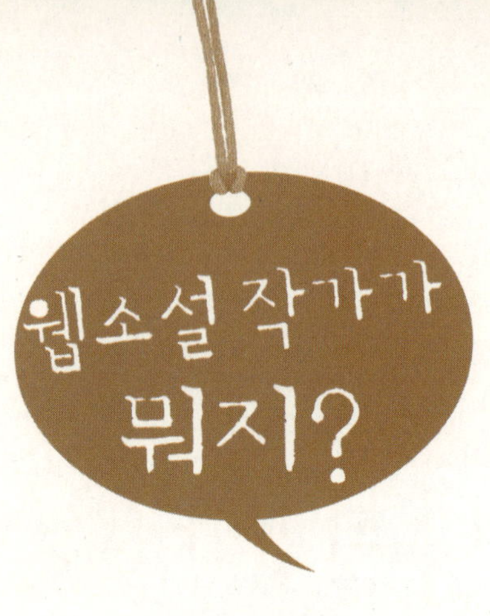

부모님(조부모님) 세대가 신문 연재소설을 읽으면서 '다음 회에서는 여주인공이 남자주인공을 만나게 될까?' 하고 두근두근 마음을 졸였다면 여러분은 컴퓨터 즐겨찾기 목록에 좋아하는 소설의 연재 사이트 주소를 저장해두고 찾아 읽으면 되어요.

인터넷이 널리 보급되어 우리 생활 깊숙이 파고들면서 바뀐 '글 문화'가 하나 있습니다. 예전이라면 일기나 공책에 끼적거렸을 내용을 인터넷에 직접 올리게 된 것이지요. 소설, 수필, 요리 레시피, 일기, 여행기, DIY 작업 후기, 영화평이나 독서 리뷰…… 등등 분야도 매우 다양합니다. 그 가운데 자신이 쓴 소설을 인터넷 특정 사이트에 연재하며 독자층을 확보한 작가들을 우리는 '웹소설 작가'라고 부릅니다.

그런데 왜 인터넷에 소설을 올리는 작가에게 '웹소설 작가'라는 이름이 붙은 걸까요? 신문이나 잡지에 소설을 연재하는 작가에게는 특별히 다른 명칭이 붙지 않는데 말입니다. 그 이유를 한번 구체적으로 알아볼까요?

예전에는 모든 작가들이 200자 원고지에 글을 썼습니다. 시(詩)이든 소설(小說)이든 한 글자 한 글자 정성스럽게 손으로 직접 썼지요. 수십 번씩 고쳐 쓰고, 찢었다가 다시 쓰고…… 하는 과정을 거쳐 대개 신문이나 문학잡지에 투고하여 자신의 글을 세상에 알렸습니다. 독자와 만나는 것도 이렇게 했고요. 그런데 1990년대 초반, 컴퓨터와 함께 인터넷이 보급되면서 상황이 달라졌습니다.

1994년 어느 날, 한 대학생이 글을 올리기 시작했어요. 재미삼아 올렸던 이 판타지 소설은 굉장한 인기를 끌었고, 곧 책으로 출간되어 베스트셀러 고공행진을 이어갑니다. 바로 전설의 『퇴마록』 이야기랍니다. 『퇴마록』은 현재 누적 판매량 1천만 부를 넘어선 초특급 베스트셀러입니다. 인터넷 연재에서 출판에 이른 최초의 작품이기도 하고요. 선풍적인 인기를 얻은 『퇴마록』의 뒤를 이어 1998년에 『드래곤 라자』가 출판됩니다. 역시 인터넷 연재에서 출판까지 이른 선구적인 작품이었습니다. 그 덕분에 한국에서는 판타지 소설 연재 붐이 일어났고, 이후 각종 연재 사이트가 우후죽순(雨後竹筍)처럼 생겨났지요.

비단 소설뿐만이 아니에요. 종이가 기반이었던 여러 가지 도구가 컴퓨터의 보급과 인터넷의 발달로 전자화되었지요. 가장 대표적인 예로 학생들의 든든한 지원자인 전자사전이 있습니다. 예전에는 무척 얇은 종이를 한 장 한 장 조심스럽게 넘겨가며 모르는 단어를 찾

곤 했지만 이제는 검색 도구로 쉽게 찾을 수 있게 되었
지요.

　전자사전처럼 소설도 원고지에서 인터넷으로 옮겨갔
습니다. 사람들은 이제 연필이나 펜 끝을 이로 잘근잘
근 물어뜯거나 머리를 쥐어짜면서 종이를 구기지 않아
요. 대신 키보드 위에 손을 올려놓고 컴퓨터 화면에 떠
있는 커서를 노려보면서 끙끙 앓습니다. 예나 지금이
나 글을 쓰면서 고민하는 것은 똑같지만 작업 환경은
훨씬 좋아졌습니다. 마음에 들지 않는 문장이나 틀린
문장이 있으면 delete나 backspace 키를 눌러서 싹 지우
면 그만이니까요. 원고지에 썼다 지웠다 반복하면 종
이에 구멍이 뚫리겠지만 컴퓨터 화면은 그럴 일도 없습
니다. 얼마나 멋진 환경입니까?

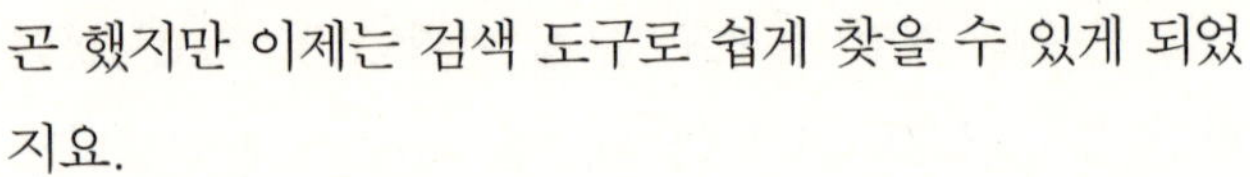

빠르고 가벼워진 손과 팔

　여러분, 원고지에 독후감 쓰기 숙제를 할 때 한번쯤
느껴본 고통이 기억나지요? 연필이나 펜을 잡고 긴 한
숨과 함께한 독서감상문! 그 덕분에 찌르르 아픈 것은
팔이요, 생기는 것은 근육통이었지요. 게다가 쓰고 또
써도 왜 그렇게 종이의 여백은 줄지 않던지!! 선생님이
미션으로 정해준 분량을 채우느라 시간도 엄청 걸렸습
니다. 하지만 키보드로 치면 이 모든 것이 해결됩니다.
글을 쓰는 시간도 짧아지고, 팔도 덜 아프고요.

컴퓨터의 보급은 보통 사람들에게도 놀라운 경험을 안겨주었어요. 그러니 온종일 글작업에 매달려 살아가는 작가들에게는 어떠했을까요? 그야말로 신세계가 열린 셈이었지요. 컴퓨터와 인터넷 기술의 발달로 작가들은 글을 빨리, 그리고 더욱 정확하게 쓸 수 있게 되었습니다. 도서관에 가는 시간, 책장을 넘기는 시간, 썼다 지웠다 하는 시간, 전문가에게 자신이 쓴 내용을 확인 받는 시간…… 이 모든 시간을 절약하게 되었어요. 전원 스위치를 누르고 인터넷에 접속하면 온 세상의 정보를 한눈에 볼 수 있으니까요. 덕분에 인터넷에 연재되는 소설의 분량도 훨씬 많아졌고요. 독자님들이 다음 편이 나오기를 두근두근 기다릴 수 있는 환경이 만들어진 것도 모두 그 덕분입니다.

바로바로 오는 피드백 효과

전에는 혼자서 글을 썼습니다. 엎드리거나 책상에 앉아서 뻑뻑한 눈을 비비며 원고지를 채웠지요. 봐줄 사람은 선생님이나 친구, 혹은 가족이 전부였습니다. 그래서 자신의 글이 어떤지, 제대로 쓰고 있는 것인지, 어디 허점은 없는 것인지 정확히 파악할 수 있는 방법이 없었어요. 그런데 인터넷이 생활화되면서 또 하나의 변화가 탄생합니다.

인터넷에 글을 올리니 많은 독자님들이 댓글을 달고

평가를 내리기 시작했습니다. 바로 바로 피드백이 이루어지게 된 것이지요. 정말 색다른 경험이었습니다. 혼자 글을 쓰는 것과 여러 사람이 봐주는 것은 완전히 달랐으니까요. 피드백을 받으며 더 성장하고, 자기 글에 대해 고민을 더 할 수 있는 좋은 환경이 조성되다니요! 작가 지망생들의 손에 날개가 달린 것은 물론, 출판 시장도 이때부터 급변합니다. 예전에는 아무리 열심히 글을 써도 출판하기가 어려웠거든요. 첫째도 투고, 둘째도 투고였으니까요. 공모전이든 출판사든 손때 묻은 원고지를 보내고, 때로는 직접 들고 다녀야 했는데…… 마침내 상황이 180도 달라진 겁니다.

● 인터넷 소설 연재 → 인기를 얻음 → 출판

이렇게 새로운 시장이 개척된 것이지요. 웹소설 작가는 이런 변천사를 거치며 당당하게 태어났습니다.

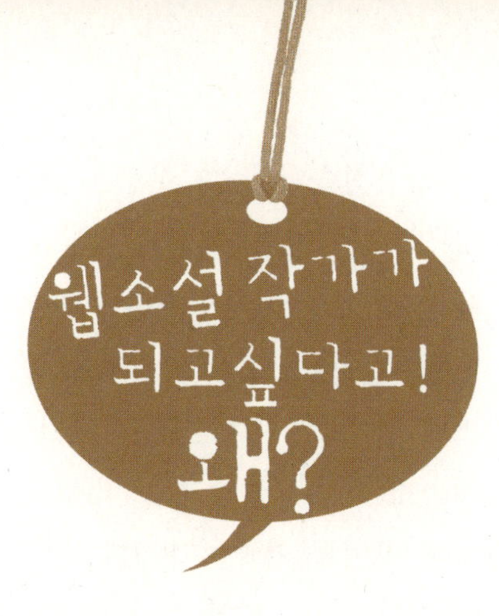

생겨난 지 얼마 안 된 신생직업 웹소설 작가. 양작가가 처음에 계약을 할 때만 해도 이런 단어 자체가 존재하지 않았습니다. 불과 몇 년 전이었지만 당시에도 여전히 종이로 책을 출판하는 것이 대세였거든요. 그리고 유료 연재라는 개념도 인터넷에는 아직 도입되지 않았었지요. 지금처럼 유료 연재 작가로서 정식 계약서를 쓰게 된 것은 대략 2011년부터입니다. 2014년 시점에서 보면 3년도 채 안 된 일이지요.

처음에는 이 직업에 대해 아는 사람도 없고 뚜렷하게 실적을 낸 작가도 거의 없었어요. 따라서 웹소설 작가를 꿈꾸는 작가 지망생도 별로 없었습니다. 보통은 대형 공모전이나 투고로 성사되는 계약 등, 흔히 알려진 경로로 도전을 했지요.

그런데 갑자기 웹소설 작가가 되고 싶어 하는 지망생

이 많아졌습니다. 그 현상은 '네이버 챌린지리그'만 봐도 알 수 있어요. 웹툰과 똑같은 시스템의 챌린지리그에는 지금도 정식 연재란에 들어가기 위해 수많은 사람들이 작품을 올리고 있지요. 도대체 왜 이런 일이 일어난 걸까요? 힌트는 앞에 나왔습니다. 웹툰! 예, 과거에는 없었던 직업인 웹툰 작가가 지금은 웬만한 연예인이나 아이돌 가수보다 인기 있는 시대가 되면서 웹소설 작가도 급부상한 겁니다. 어떻게? 인터넷에 글을 연재하는 작가들의 수익이 올라가기 시작하면서요.

자고로 예전부터 사랑과 관심을 받는 직업이 선망의 대상이었습니다. 1990년대 초에는 사람들이 일명 '사'로 끝나는 직업군, 이를 테면 변호사·검사·판사·의사·간호사와 같은 직업들을 선호했어요. 모두 안정적이고 고수익을 보장 받는 좋은 직업이었습니다. 그것이 지금에 이르러서는 영상 매체나 인터넷에서 인기를 얻는 직업으로 바뀌었지요. 웹소설 작가는 그 물결을 타고 덩달아 대중이 선호하는 쪽에 들어간 거고요.

현실 세계에서의 인기보다 가상 세계에서의 인기가 점점 더 중요해지는 요즘 현상도 결코 무시할 수 없습니다. 현실의 친분보다 가상의 친분을 중시하는 현상은 '페이스북'이나 '트위터' 활동을 보면 금방 알 수 있지요. 여러분, 현실의 친구가 몇 명인가 하는 것보다 팔로워가 몇 명인가 하는 점을 더 중요하게 느꼈던 적은 없나요?

웹툰 작가, 웹소설 작가, 게임 개발자, 프로게이머, 인터넷 쇼핑몰 운영자…… 등이 인기랍니다.

마음을 낚는 이야기꾼
웹소설 작가 되기

인터넷 카페 회원들과 단체 카톡을 하다가 누군가 섭섭한 말을 해서 얼굴도 못 본 친구에게 토라졌던 적은 없나요? 작가들도 마찬가지라고 생각해요. 인터넷에 소설을 연재하면서 내 글을 읽는 독자가 몇 명인가 하는 점을 점점 더 중요하게 여기게 되었으니까요.

많은 사람이 보는 글의 가치가 높아지면서 웹소설 작가들의 가치도 함께 상승했어요. 빠른 시일 내에 인기 직업이 되었지요. 물론 순수하게 자기 글을 연재하는 게 좋아서, 글 쓰는 것이 마냥 즐거워서, 어렸을 적부터 꿈이 작가였기 때문에…… 등등의 이유로 웹소설 작가를 지망하는 사람도 있을 겁니다. 하지만 웹소설 작가를 선호하는 지망생들이 갑자기 늘어난 까닭에는 앞서 설명한 이유들도 포함되겠지요?

여러분은 왜 인터넷에 소설을 연재하는 웹소설 작가가 되고 싶으세요? 사실 어떤 이유든 상관없습니다. 꿈을 꾸고, 꿈을 이루고, 그 꿈을 통해 성장하려고 하는 열망은 누구에게나 있는 공통의 목표이니까요!

나는 상상하는 게 좋아. 이야기가 제일 좋아. 상상하고 생각한 것들을 글로 쓰는 일이 좋아. 그래서 웹소설 작가가 되고 싶은 거야! 나는 꼭 웹소설 작가로 성공할 테다!! 독자들을 계속 찾아오게 만들 테다!!!

선망의 직업이 된 웹소설 작가. 하지만 마냥 아름답지만은 않습니다. 요즘 인기 상종가인 웹툰 작가도 초반에는 주목을 받지 못하고 수입도 적었답니다. 웹소설 작가도 다르지 않아요. 신생 직업인만큼 표준화나 통합된 규칙이 없어 굉장히 혼란스럽습니다. 여기가 아주 지뢰밭이에요! 발 한번 잘못 디디면 펑 하고 지뢰가 터지거든요. 여파도 무시무시합니다. 웹소설 작가로서의 삶이 생각처럼 순탄하지 않다는 뜻이지요.

거북이는 용봉탕이 될 수 없다!
: 기존의 시장과 다른 웹소설 연재와 이북 시장

여러분, 용봉탕을 아시나요? 용봉탕은 자라로 만드는 보양식입니다! "자라를 어떻게 먹어?" 하시겠지만 이게 은근히 맛이 괜찮아요. 닭을 넣어 푹 고아서 만들기 때문에 맛을 보장할 수 있습니다. 그런데 이 맛 좋

고 영양 풍부한 보양식의 자라 대신에 거북이를 넣는
다면 어떻게 될까요? 어렵게 여기지 마세요. 상식적으
로만 생각해도 말이 안 되지요. 그런데 이런 '말도 안
되는 상황'이 펼쳐졌습니다. 어디에? 바로 웹소설 연재
와 이북 시장이지요.

앞에서 강조한 것처럼 인터넷 연재를 통해 탄생한 웹
소설 작가는 새로운 직업입니다. 그 이전부터 있었던
이북 시장도 활성화된 지 3년(2014년 기준)밖에 되지 않
아요. 이북 시장은 이전까지 있었던 종이책 출판 시장
과 얼핏 비슷해 보이지만 실은 전혀 다릅니다. 자라랑
거북이가 비슷하게 생겼지만 사는 환경이 다른 것처럼
요. 자라는 강이나 연못, 거북이는 바다! 이렇게 견주
어보면 기존의 출판 시장은 강에 해당합니다. 아주 도
도하게, 막힘없이 흐르고 있었지요. 하지만 인터넷 소
설 연재를 비롯한 이북 시장은 바다와 같아요.

민물에 살던 자라가 바다에서
살아가지 못하는 것처럼, 웹
소설 작가도 강에서 썼던 방
법을 그대로 바다에 적용하면
큰일 납니다. 파도에 휩쓸려
표류하는 수가 있어요!

이북 시장은 트렌드가 굉장히 빠르게 바뀝니다. 그
과정이 간혹 난폭하다고 느껴질 정도입니다. 못 버티고
떨어져 나간 작가도 많아요. 웹소설 연재란 즉, 신(新)
항로를 개척하는 느낌입니다. 콜럼버스가 된다면 이런
기분일까요? 언제나 새로운 시도와 모험이 따르니 저
희 두 사람도 늘 촉을 곤두세우고 있답니다.

1박 2일의 복불복 게임이 부럽지 않아!
: 들쭉날쭉 천차만별 웹소설 작품

인터넷 연재의 가장 큰 장점은 '누구나 할 수 있다'는 것입니다. 인터넷 사이트에 글을 올리기만 하면 누구나 작가가 될 수 있어요. 하지만 이 장점이 때로는 가장 큰 단점이 되기도 합니다. 무스(moose, 말코손바닥사슴)의 크고 아름다운 뿔이 삼림(森林)에서 적을 만나면 커다란 걸림돌이 되는 것과 같아요. 웹소설 작가의 단점은 독자님들이 글을 고를 때 '짠!' 하고 만천하에 드러납니다.

독자님들은 언제나 좋은 글을 읽고 싶어 합니다. 재미있는 글, 감동을 느낄 수 있는 글, 진지한 글, 슬픈 글, 액션이 많은 글…… 등등 모두 자신의 취향대로 글을 찾아 읽습니다. 하지만 인터넷에 올라온 작품은 너무도 많아요. 하루에도 몇 백 개씩 신작(新作)이 올라오는 터라 골라 읽기도 어렵습니다. 설상가상으로 글에서 가장 중요한 작품의 질(質)도 보장이 안 되고요.

물론 내로라하는 사이트의 정식 연재란에 가면 기존의 출판작들 못지않은 양질의 작품이 많습니다. 여기 오른 작품들은 대개 몇 번의 심사를 거친 것이니까요. 하지만 전체적으로 보았을 때 괜찮은 작품을 만나기란 그리 쉬운 일이 아닙니다. 검증되지 않은 신작이 워낙 많거든요. 그야말로 복불복(福不福)이랍니다.

자, 여기서 웹소설 작가의 그림자 중 하나가 뚜렷하게 보이지요? 바로 '작가의 능력도 작품처럼 제대로 검증 받기 어렵다'는 것입니다! 정말 열심히 고민하고 노력해서 작품을 완성하고, 떨리는 마음으로 글을 올렸는데…… 막상 뚜껑을 열어보니 반응하는 독자가 없을 수도 있다는 뜻이지요. 하지만 너무 걱정하지 마세요. 기존 출판 시장에서 책을 내고 있는 작가들도, 웹소설 연재 작가로서 활동 중인 저희 두 사람도 처음에는 모두 능력을 검증 받기 어려웠답니다. 호평(好評)과 독자의 신뢰는 매우 천천히 오더라고요!!

인세 0원 Q작가 vs. 인세 1천만 원 K작가 : 웹소설 작가들의 그림자

가장 중요한 이야기가 나왔네요. 웹소설 작가의 그림자! 바로 수입의 불안정입니다. 인터넷 연재 시장과 이북 시장의 현실은 매우 냉혹해요. 잔인하기까지 합니다. 딱 팔리는 만큼만 인세를 주거든요. 그 말은 "안 팔리면 인세가 0원"이라는 뜻입니다! "에이, 설마 0원이 나오겠어?"라고 생각하시는 분들에게 안타까운 사실을 전해드릴게요. 인터넷에서 쉽게 접할 수 있는 이북 중에는 팔리지 않아서 작가가 인세를 한 푼도 받지 못하는 작품이 제법 됩니다. 연재의 사정도 별반 다르지 않아요. 유료 연재로 넘어가는 순간, 조회수가 뚝뚝 떨어지고 심하면 한 편도 결제가 안 되는 수도 있어요.

가까운 예를 들어볼게요. 양작가가 처음 인터넷에 연재를 시작했을 때의 수익은 한 달에 3만 원이 채 안 되었답니다. 편수가 무려 30편이 넘어갔는데도! 정작가는 그때 일을 물어보면 엉엉 웁니다. 처음에 연재를 시작하고서 3개월이 될 때까지, 수입이 정말로 0원이었거든요. 예에, 그렇습니다. 0원의 사례는 정작가의 실제 경험담입니다. 차라리 지어낸 이야기였다면 좋았을 텐데요!

하지만 다 저렇게 밥을 쫄쫄 굶는 것은 아닙니다. 꼴찌가 있으면 당연히 1등도 있는 법. 저희 두 사람이 빈곤한 통장을 붙들고 흑흑 울고 있을 때 빵빵한 통장을 들고 으하하 웃는 작가님도 계셨답니다. 판타지와 무협! 그리고 학생이 보면 안 되는 삐용삐용 위험한 19세 미만 구독 불가 작품을 연재한 작가님들이 주로 고수익을 내셨지요.

웹소설 작가가 가진 그림자의 최종 완결 형태는 바로 이것입니다. 수입의 편차(偏差)! 그 끝과 끝이 너무 멀어서 저희도 서글퍼요. 정작가처럼 0원일 수도 있고, 다른 작가님처럼 한 달에 무려 1천만 원을 벌 수도 있거든요. 그 격차를 느끼면서 꿋꿋이 버티기란 사실 쉽지 않습니다.

여러분! 꼭 기억하기 바랍니다. 두 주먹 불끈 쥐고

마음의 준비를 단단히 하기 바랍니다. 웹소설 작가는 수입이 0원이 될 수 있고 1천만 원이 될 수도 있는, 어찌 보면 굉장히 불안정한 직업인이거든요. 그러니까 최상위층 작가들이 뿜어내는 밝은 면만 보지 말고, 어두운 면도 함께 생각하기 바랍니다.

2부

웹 소 설
작 가 의
조 건

"체력이 국력이다." 이런 말을 들어본 적 있나요? 여러분에게는 낯설겠지만 아마 부모님 세대에겐 익숙할 거예요. 음악에 맞춰 열심히 '국민체조'를 하던 시절, 학교에서나 직장에서 흔히 들을 수 있었던 일종의 구호 같은 것이었지요. 피로회복제 광고 문구로도 유명하고요. 그런데 작가들도 서로서로 이와 비슷한 말을 주고받습니다. 바로 "체력이 필력이다"라는 말입니다. 언뜻 들어서는 무슨 소리인지 이해가 안 되지요? 저희도 막 연재를 시작했을 무렵에는 이해되지 않았던 말이었어요. 하지만 지금은 이 한 문장이 어떠한 뜻을 담고 있는지 뼈저리게 느끼고 있습니다.

자, 질문을 하나 해보겠습니다. 혹시 시험기간에 벼락치기한 적 있으신 분? 슬슬 손을 드는 분이 계실 듯합니다. 솔직히 고백하자면, 양작가는 물론이고 정작가도 벼락치기 경험자입니다. 특히 정작가는 벼락치기

마음을 낚는 이야기꾼
웹소설 작가 되기

의 선수였어요. 시험공부를 해야 하는데, 범위를 잘못 알아서 시험을 치르기 1시간 전에 벼락치기를 한 적도 있지요. 어휴, 그때만 생각하면 아직도 진땀이 나요.

그럼 이제 벼락치기 했던 때를 떠올려봅시다. 물론 기억해내기 참 싫은 순간이지만 말이지요. 벼락치기 하면 떠오르는 것이 있어요. 예에, 맞습니다. '암기'입니다. 사실 벼락치기는 암기가 전부입니다. 외우고 또 외우고, 머릿속에 계속 시험 볼 내용을 집어넣기에 바쁘지요. 외우는 방식은 제각각입니다만 하여간 다들 죽어라 합니다. 그리고 이렇게 공부를 하면! 어느 순간 배에서는 꼬르륵 소리가 나고 우리의 몸은 간식을 찾아 냉장고 앞으로 달려갑니다.

왜 그럴까요? 이유는 간단합니다. 뇌가 열심히 일을 했기 때문입니다. 이 뇌라는 게 생각보다 먹보라서 밥, 고기, 과자 등등…… 배부르게 먹은 음식들을 순식간에 다 써버리거든요. 그리고 다시 일을 하기 위해 밥을 달라며 줄기차게 요구합니다. 하지만 뇌가 원하는 대로 다 먹다가는 순식간에 포동포동한 돼지가 됩니다. 사람들이 배가 좀 고파도 어느 정도 참는 것은 다 그런 이유 때문이지요. 이렇게 음식 공급을 제때 해주지 않으면 뇌는 움직이기 위해서 체력을 가져다 쓰기 시작합니다.

"근데 그게 글 쓰는 거랑 무슨 상관인지요?"라고 묻고 싶지요? 보통 '공부하는 것보다 글쓰기가 더 쉽고 재미있다'고 생각하니까요. 하지만 아닙니다. 글을 쓸 때 우리의 머리는 공부할 때보다 훨씬 더 많은 에너지를 소모합니다. 창작의 고통이라는 말이 괜히 나오는 게 아니거든요. 있는 지식을 익히는 공부와 달리 글쓰기는 없는 걸 만들어내는 작업이기 때문에 몇 배로 힘이 듭니다.

그래서 대부분의 작가들은 나름대로 체력관리를 합니다. 특히 우리가 '대가(大家)'라고 부르는 작가님들은 자신만의 건강관리법을 가지고 계세요. 『태백산맥』, 『아리랑』, 『한강』, 그리고 최근의 『정글만리』에 이르기까지 수많은 작품을 내신 조정래 선생님은 하루에 한 시간씩 꼭 산책을 하신다고 합니다. 물론 저희 두 사람도 체력을 기르기 위해 노력을 많이 합니다. 처음 글을 쓸 때 뭣도 모르고 무리했다가 병원 신세를 진 적이 몇 번 있거든요.

정작가는 2012년 8월에 「야수의 청혼」이라는 소설을 썼습니다. 한 달 만에 3권을 쓰는 기염을 토해내었지요. 그런데 이 글을 쓸 때 낮과 밤이 바뀐 것은 물론이요 식사도 불규칙했답니다. 결국, 책을 출간하고 난 뒤 정작가는 2킬로그램 늘어난 몸무게와 속쓰림 병을 동시에 얻고 말았지요. 양작가는 정작가보다 더했어요.

2012년 가을, 양작가는 배가 너무 아파서 쓰러진 적이 있어요. 가족들이 난리가 났었지요. 당시 몸무게도 급속도로 빠지고 몸 상태도 좋지 않았던 터라 종합검진을 받았습니다. 그리고 무리한 일정으로 인해 생긴 신경성 위염이라는 판정을 받았지요. 그 뒤로 망가진 위를 회복시키기 위해 갖은 치료를 병행하며 식이요법은 물론 약도 먹고 일정도 느슨하게 조정했지요.

웹소설 연재 작가는 정해진 날짜마다 글을 써서 올려야 합니다. 마감 날짜를 반드시 지켜야 해요. 그래서 연재 작가들에게는 더더욱 체력관리가 필요합니다. 보통 프로로 활동하는 작가는 일주일에 최소 2~3편의 작품을 연재합니다. 두 작품을 하시는 분들은 한 작품당 2~3편이기 때문에 거의 매일 한 편씩 마감하는 셈이지요. 작가마다 차이가 있지만 최소 한 편의 분량은 A4 용지 10포인트로 3~5장 정도입니다. 즉, 일주일에 2회 연재일 경우라도 6~10장은 써야 하지요.

정해진 시간에 글을 올려야 하기 때문에 작가들은 마감을 '데드라인(dead line)'이라고 부릅니다. 이 죽음의 선을 넘어가면 그 너머에는 지옥이 기다리고 있거든요. 담당자와 독자님들의 아우성이 모니터에 가득 차 버립니다. 그러니 압박감이 이만저만 아닙니다. 고로 정신적 압박과 싸우며 데드라인에 맞추기 위해서는 기초체력이 탄탄해야 한답니다. 물론 본인의 아이디어와

글을 많이 써본 경험도 중요합니다. 하지만 역시 기본은 체력입니다. 책상 앞에 오래 붙어 있어도 지치지 않는 강철 같은 체력 말이지요!

이를 위해 저희는 식단부터 운동까지 체계적으로 자신을 관리하려고 노력합니다. 양작가는 위가 안 좋기 때문에 바나나 같은 과일을 꼭 챙겨 먹고 조금이라도 몸 상태가 안 좋으면 죽을 자주 먹어요. 맵고 짠 음식은 되도록 피하고요. 그리고 정작가는 적어도 일주일에 3회 이상 근력과 유산소 운동을 합니다. 몸이 건강하지 않으면 글을 오래 쓸 수 없으니까요!

프로는 몸과 정신을 철저하게 관리할 수 있어야 합니다. 자주 아픈 사람은 자신의 몸에게 "지켜주지 못해 미안해!"라고 속삭여주세요.

옛날, 아주 먼 옛날은 아닌 때, 양작가는 어머니께 자주 혼나곤 했습니다. 책상 앞에 앉아 공부를 하다가도 멍하니 턱을 괸 채로 뭔가를 생각하곤 했거든요. 그 모습이 어머니의 눈에는 공부하지 않고 노는 것처럼 보였겠지요? 그래서 "공부는 안 하고 매일 공상, 망상에 빠져 살다니!" 하면서 야단치곤 하셨지요. 사실 그때 양작가는 상상을 하고 있었어요. '우리 집 앞에 흐르는 강이 초콜릿 강이라면 어떨까, 집에 산더미처럼 쌓인 책들이 실은 전부 과자상자라면 어떤 과자가 들어 있을까……' 이런 것들을요. 마침 『찰리와 초콜릿 공장 *Charlie and the Chocolate Factory*』을 읽은 뒤였거든요.

그 뒤로 양작가는 어떻게 되었을까요? 다들 궁금하지요? 양작가도 머리를 굴리기 시작했어요. 그래서 어머니가 보는 데서는 공부만 하고, 아무도 없을 때는 상상의 날개를 펴고 온 세상을 날아다녔지요.

자, 위에서 나온 단어인 상상·공상·망상. 여러분은 이 단어들의 차이를 정확하게 알고 있나요? 언뜻 비슷해 보이는 단어들인데요, 이번 기회에 제대로 짚어볼게요. 다음은 「국립국어원 표준대사전」에 나와 있는 뜻풀이입니다.

- 상상(想像) : 실제로 경험하지 않은 현상이나 사물에 대하여 마음속으로 그려봄.
- 공상(空想) : 현실적이지 못하거나 실현될 가망이 없는 것을 막연히 그려봄. 또는 그런 생각.
- 망상(妄想) : 이치에 맞지 아니한 망령된 생각을 함. 또는 그 생각.

보다시피 일상생활에서는 거의 구분을 하지 않고 사용하지만 실제로는 의미가 다릅니다. 그래도 헷갈린다고요? 그러면 아주 쉬운 예시를 들어줄게요.

- 보라색 코끼리가 날개를 달고 날아다니고 있다. → 상상
- 유명한 아이돌이 내게 와 사귀자고 고백했다. → 공상
- 선생님이 미워서 매일매일 꿈속에서 심하게 괴롭혀댔다. → 망상

글을 쓰는 우리에게 가장 필요한 단어는 '상상'입니다. 글뿐만이 아니지요. 창작 활동에는 모두 상상이 필요합니다. 상상이란 것이 얼마나 대단한지 몇 가지 에

피소드를 통해 알아보겠습니다.

　여러분, 영화 「괴물」(2006년)을 기억하시죠? 흔히 쓰는 말로 '대박을 친' 영화 「괴물」의 비하인드 스토리는 이렇습니다. 「괴물」의 시나리오를 쓰기 전 봉준호 감독님은 어떤 뉴스를 접하게 됩니다. 미군이 한강에 쓰레기를 버렸다는 사건이었지요. 보통 사람이라면 그 자리에서 분노하거나 "그런 일이 있었구나!" 하면서 그냥 넘어갔을 거예요. 하지만 그는 뉴스를 보고 상상을 하기 시작합니다. '혹시 그 쓰레기가 환경오염을 일으켜서 한강의 물고기가 유전적으로 변형되고 그러다가 괴물이 되지 않을까?' 흔한 일상 속의 소재였을 뿐인데, 상상력에 힘입어 굉장한 영화가 만들어진 것입니다.

　결과를 놓고 보면 대단합니다. 하지만, 상상이 어려운 것은 아니랍니다. 특별한 사람한테만 가능한 일도 아니고요. 여러분도 일상생활을 하면서 알게 모르게 상상을 하면서 살아갑니다. 대개 "~했다면, ~한다면!" 하면서요. 좀 더 편한 예를 들어볼까요? 힘이 들 때나 흑역사를 하나 갱신했을 때, 여러분은 어떤 생각을 하시나요? 예에. "시간을 되돌리고 싶어"일 것입니다. 누구나 종종 하는 생각이지요. 그런데 '누구나 하는 이런 흔한 생각'에 상상력을 덧입혀 만든 유명한 애니메이션과 영화가 있어요. 바로 「시간을 달리는 소녀 時をかける少女」(2006년)와 「벤자민 버튼의 시간은 거

꾸로 간다The Curious Case of Benjamin Button」(2009년), 그리고 「시간 여행자의 아내The Time Traveler's Wife」(2009년) 등입니다.

거창한 상상을 하기 위해 노력할 필요는 없습니다. 상상이나 공상까지는 누구나 자연스럽게 되거든요. 가령 학교 가는 것이 귀찮고 싫어서 뿅! 하고 공간이동을 해보고 싶었던 적은 없나요? 있다고요? 그 마음 자체가 이미 상상이나 공상에 가깝습니다. 그러니 일상생활에서도 가끔 넋을 놓고 상상을 즐겨보세요. 공상도 괜찮습니다. '이랬으면 좋겠는데……' 하고 떠올리는 것만으로도 아이디어가 툭툭 튀어나올 수 있으니까요. 상상력은 창작자에게 소중한 보고(寶庫)와 같습니다.

상상과 공상은 일상의 피로를 풀어주는 쉽고 재미있는 게임이 될 수도 있습니다. 스타인 김수현이나 수지가 나 좋다고 매달리는 공상을 한다고 해서 누가 뭐라 하겠습니까. 다시 말하지만, 상상 및 공상은 자유입니다. 돈이 드는 일도 아닌 터이니 경제적이고, 상상의 날개를 흠뻑 펼치다 보면 웬만한 스트레스도 다 날아가서 건강에도 좋습니다.

그런데 인터넷에 소설을 연재하고 싶어 하는 작가 지망생들은 이 과정에 한 가지를 덧붙여야 합니다. 바로 상상이나 공상을 통해 얻은 아이디어를 반드시 메모하는 일이지요. 이렇게 열심히 메모해두면 나중에 반드시 제대로 활용할 수 있는 순간이 옵니다.

정작가는 스무 살 때 공책에 낙서를 한 적이 있어요. 그냥 손 가는 대로 하얀 모래와 파란 바다, 빨간 머리 여자애와 가무잡잡한 소년을 끼적거렸죠. 그때 공부하느라 너무 힘들어서 휴양지에 가고픈 마음이 굴뚝같았거든요. 그로부터 2년 후, 정작가는 이 낙서 한 장에서 시작된 「인어의 목소리」라는 소설로 J사 공모전에서 상을 받게 됩니다. 만약 정작가가 낙서를 하지 않았더라면, 그 공책을 간직하고 있지 않았더라면, 결코 「인어의 목소리」는 나오지 못했겠지요.

상상했던 장면을 어떤 형식으로든 메모하여 남겨두는 습관. 정말 중요합니다. 작은 수첩이나 포스트잇, 그리고 필기구를 여기 저기 놓아두세요. 좋은 아이디어가 떠오르는 즉시 메모할 수 있도록 말이에요.

◀ 정작가의 낙서. 「인어의 목소리」를 탄생시킨 스케치.

소소한 아이디어도 좋아요. 큰일은 언제나 작고 사소한 일에서 비롯되는 법. 별 볼일 없어 보이는 작은 생각들도 언젠가 반드시 쓸 일이 생깁니다. 그러니까 여러분은 부디 메모를 습관화하기 바랍니다. 메모 습관이 상상에 날개를 달아드릴 거예요. 아래 낙서(?)는 저희 두 사람이 『헤스키츠 제국 아카데미』 아이디어 회의 때 그려본 마인드맵입니다.

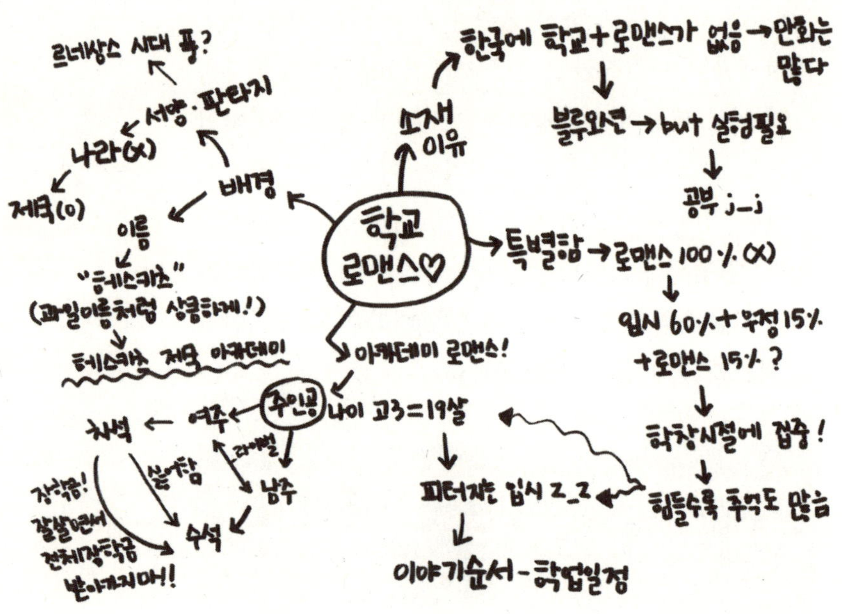

마지막 충고 하나! 상상과 공상은 자유롭게 즐기되 가급적 망상은 사양하세요. 글 쓰는 원동력이 되어주는 상상력, 그리고 양념처럼 필요한 공상은 여러분에게 도움이 되지만 망상은 아무짝에도 쓸모가 없습니다. 정신 건강에도 안 좋아요. 훠이, 훠이! 망상 따위가 들어올라치면 얼른 쫓아버리세요!

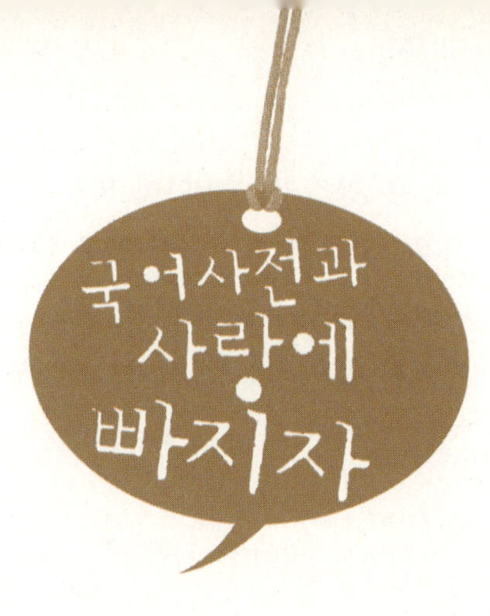

일단 스마트폰을 들어봅시다. 그리고 카톡 창을 열어 보세요. 응? 갑자기 국어사전도 아닌 카톡 창을 왜 열어보라고 하느냐고요? 다 이유가 있답니다. 만약 카톡을 하지 않는다면 평소 하던 채팅 창을 띄워도 좋아요. 그럼 이제 채팅에서 자신이 쓴 글을 보도록 합시다. 어떤가요? 맞춤법은 제대로 지키고 있나요? 단어는 정확하게 쓰고 있나요? 이런 질문을 받으면 여러분은 대개 이렇게 말합니다. "자유롭게 대화하는 채팅에서 맞춤법이 왜 중요해요?"

사실 어떻게 대화하든 자유롭게 오타 내면서 이야기할 수 있는 곳이 채팅 창인 것, 맞아요. 오타도 많이 나오고, 문법도 대개 무시하지요. 하지만 그렇기 때문에 평소 어떻게 글을 쓰는지 가장 솔직하게 묻어나오기도 합니다. 평소 단어나 띄어쓰기 등 우리말 맞춤법을 정확하게 지키는 사람은 채팅 창에서도 잘 지키거든요.

글은 창작의 영역인데 맞춤법까지 왜 골치 아프게 신경 쓰느냐고요? 이런 질문 나올 줄 알았습니다. 하지만 맞춤법은 꼭 맞춰야 해요. 그러니까 맞춤법이죠! 지키지 않으면 읽는 사람이 참 불편하답니다. 잠시 예시를 들어볼게요. 먼저 띄어쓰기. 모두 아는 거예요.

● 아버지가방에들어가신다.

국어시간에 참 많이 본 예문이지요? 띄어쓰기를 하지 않은 덕분에 이 문장은 아버지가 가방에 들어가는 마술을 부리게 되었습니다. 원래 뜻은 '아버지가 방에 들어가신다'인데 말입니다. 여러분은 어쩌면 "에이, 아무리 그래도 이럴 정도는 아니다!"고 펄쩍 뛸지도 모릅니다. 하지만 찬찬히 생각해보면 일상생활에서 띄어쓰기를 잘 못하는 예는 정말 많습니다.

● 창 밖으로 나갈 수 밖에 없다.

위의 문장에도 띄어쓰기 오류가 있습니다. 무엇일까요? 바로 '밖'입니다. 이 단어는 띄어쓰기에 따라 뜻이 전혀 달라지는 단어들 중 하나입니다. 일단 밑에 옳은 문장으로 적어볼게요.

● 창밖으로 나갈 수밖에 없다.

차이를 알 것 같나요? 안과 바깥을 뜻할 때 쓰는 '밖'은 '동구 밖, 집 밖'처럼 띄어쓴니다. 그런데 왜 '창밖'은 붙여 썼냐고요? 이래서 우리말이 까다로운 것이랍니다. '창밖'은 '창문의 밖'이란 뜻으로 '창'과 '밖'이 결합한 합성어입니다. 그래서 붙여 쓰는 게 맞습니다. 하지만 '~수밖에'는 항상 붙여 씁니다. '그것 말고는', '그것 이외에는'의 뜻을 나타내는 '밖에'가 조사이므로, "공부할 수밖에 없었다"와 같이 앞말에 붙여 적습니다. 이를 테면 '공부밖에 모르는 학생, 하나밖에, 나밖에 사람이 없어!' 등등처럼요. 띄어쓰기를 잘 못해서 뜻이 아예 바뀌는 경우도 많으니 주의해야 됩니다.

비단 띄어쓰기만 문제가 아닙니다. 맞춤법도 마찬가지예요. 여러분이 곧잘 틀리는 단어들이 있는데요, 다 알고 있는 것 같은데도 자주 틀리더라고요. 몇 가지 예를 들어보겠습니다.

- 비가 와서 무릅이 쑤셔(×) → 비가 와서 무릎이 쑤셔(○)
- 너가 어떻게 내게 이럴 수 있어?(×) → 네가 어떻게 내게 이럴 수 있어?(○)
- 사고 쳤어, 어떻해!(×) → 사고 쳤어, 어떡해!(○)
- 우리들이 너희에게 먼저 선물을 줬잖아?(×) → 우리가 너희에게 먼저 선물을 줬잖아?(○)

특히 마지막 예는 어른들도 많이 틀립니다. 1인칭 대

명사인 '우리'는 말하는 이가 자기와 듣는 이, 또는 자기와 듣는 이를 포함한 여러 사람을 가리키는 대명사이므로 복수를 뜻하는 접미사 '~들'을 붙이지 않습니다. 어때요? 아이고, 골치가 아프다고요? 하지만 차근차근 공부하다 보면 '극~복'할 수 있는 날이 반드시 옵니다. 더구나 작가를 꿈꾸는 사람이라면 꼭 알아두어야 할 테고요.

그럼 이 중요한 맞춤법을 어떻게 익히느냐? 사실 간단한 방법이 있어요. 국어사전을 펼쳐봅시다. 국어사전에는 정말이지 국어의 모든 게 다 들어 있어요. 여태까지 써본 적 없는 새로운 단어를 알려주는 것은 기본, 어떤 단어를 어떻게 활용해야 하는지 예문까지 자세하게 들어 알려주지요. 예를 들어 '모름지기'라는 단어를 어떻게 효과적으로 써야 할지 감이 안 온다고 합시다. 일단 국어사전에서 단어를 찾아보세요. 그러면 다음과 같은 예가 나옵니다.

● 모름지기: 사리를 따져 보건대 마땅히. 또는 반드시.
예) 모름지기 학생은 공부를 열심히 해야 한다./청년은 모름지기 진취적이어야 한다./자연 현상의 연구는 모름지기 실험에 의하여야 한다. ≪안병욱, 사색인의 향연≫

잘보았나요? "아, 이런 상황에서 쓰는 거구나. 이렇게 활용하면 되겠구나" 하고 감이 오지요? 그러니까 여러분, 보다 다채롭고 풍성한 어휘를 사용해서 정확한 우리말로 글을 쓰고 싶다면, 먼저 국어사전과 절친이 되세요. 아니, 국어사전과 사랑에 빠지세요! 글공부를 하는 여러분에게 국어사전은 가장 좋은 동반자이자 훌륭한 서포터가 되어줄 것입니다.

　그럼에도 불구하고 창작 활동은 자유로운 것이기에 맞춤법도 무시할 수 있다고 주장할 수 있습니다. 물론 그렇게 생각할 수도 있어요. 인터넷상에 소설을 연재할 수 있는 공간은 매우 자유로우니까요. 쓰는 사람에 따라서 얼마든지 '내 마음대로 맞춤법'을 적용하여 글을 올릴 수도 있어요. 단, 초등학교 때 글짓기 검사를 받으면서 경험했던 딸기밭의 참상(慘狀)을 다시 한 번 겪게 될지도 모른다는 것만 명심하세요. 맞춤법을 무시한 글을 올리는 것이 작가의 자유이듯 이것저것 틀린 부분을 지적하는 건 독자님의 자유니까요!

'1만 시간의 법칙'이라는 말이 있어요. 말콤 글래드웰(Malcolm Gladwell)이 쓴 『아웃라이어*OUTLIERS*』에 나와서 더욱 유명해진 말인데요, 사람이 한 가지 일에 1만 시간의 노력을 쏟아 부으면 전문가가 된다는 뜻이랍니다. 그렇다면 1만 시간은 과연 며칠이나 될까요?

● 1만 시간 = 833.333……일

이렇게 보면 2년 3개월 하고도 2주일이 조금 안 되는 시간입니다. 하지만 이것은 순수하게 1만 시간을 24로 나누어 날짜로 환산한 것이고요, 하루 내내 노력할 수는 없으니 적당히 나눠야겠습니다. 사람은 자야 하니까 우선 수면 시간은 빼고, 거기에서 먹고 노는 시간 등을 또 뺍니다. 사람이 계속 빡빡하게 일하거나 공부만 할 수 없으니까요. 그리고 남는 8시간을 노력하는 시간으로 잡도록 하겠습니다. 하루에 8시간씩 노력하면 1만 시간에 다다를 때까지 얼마나 걸릴까요?

　매일매일 8시간씩 노력한다고 쳤을 때, 3년 5개월 조금 넘게 걸립니다. 3년 5개월이면요, 중학교든 고등학교든 입학했다가 졸업할 수 있는 시간이네요. 여러분이 방학도 없이 매일 하루도 빠지지 않고 공부하면 1만 시간을 채울 수 있습니다. 선생님들이 바라는 모범생도 이렇게 하지는 못할 거예요. 하지만 이 법칙을 지킨 사람은 대부분 그 분야의 최고가 되었습니다. 스티브 잡스(Steve Jobs), 김연아 등 우리가 아는 유명한 사람들은 그 이상의 시간과 공을 들였어요. 물론 최고가 아니더라도, 그만큼의 노력과 시간을 투자한 사람은 달콤한 과실을 거둡니다.

　웹소설을 쓸 때도 다르지 않습니다. 첫술부터 배부를 수는 없는 법이지요. 정작가는 『기화, 왕의 기생들』을 연재할 때 한 편을 완성하기 위해 다섯 편을 버렸습니다. 그리고 단행본으로 작업할 때도 내용의 70%를 수정했지요. 1만 시간의 법칙처럼, 들인 시간과 노력의 정도에 따라 더 완성도 높고 좋은 글이 되리라는 걸 알기 때문이었습니다.

　처음부터 대작가로 태어나는 사람은 없습니다. 대작가의 내공이란 1~2년 안에 쌓일 수가 없거든요. 그분들도 1만 시간, 혹은 그보다 더 많은 세월을 허투루 쓰

지 않고 글쓰기에 정진하셨습니다. "저 시간을 어떻게 채우지?" 하면서 지레 겁 먹거나 걱정하지 마세요. "시작이 반"이라는 말이 있듯이 쓰다 보면 어느 순간 1만 시간은 훌쩍 가버릴 것입니다. 나이 먹는 것이 자연스러운 일인 것처럼, 세월도 정직하게 흐릅니다. 그리고 공들여 쌓은 탑은 절대 무너지지 않는다는 점, 꼭 기억하세요.

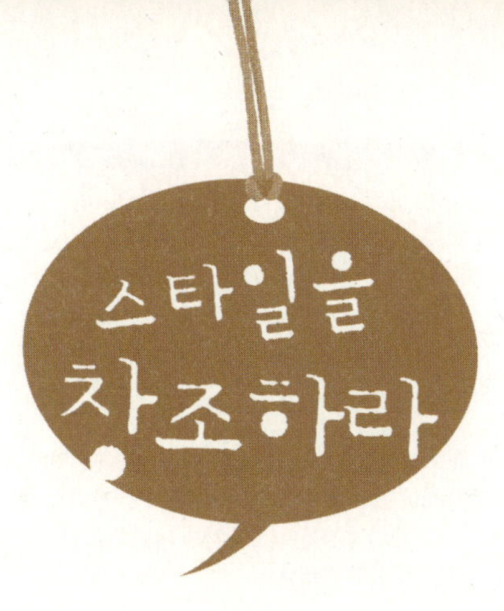

'문체(文體)'라는 단어가 있습니다. 가끔 책을 읽다 보면 처음 보는 글인데도 익숙한 느낌이 들 때가 있습니다. 그런 경우 작가 이름을 찾아보세요. 대부분 예전에 읽었던 글을 집필한 작가와 동일 인물인 경우가 많을 거예요. 사람의 지문이 각기 다른 것처럼 작가들도 특유의 문체, 혹은 고유의 문체를 가지고 있습니다. 그래서 같은 소재를 다루는 글인데도 쓰는 사람이 다르면 느낌이 완전히 달라지는 것이지요.

다음 글은 양작가와 정작가가 함께 작업한 웹소설 『헤스키츠 제국 아카데미』의 일부입니다. 천천히 읽으면서 두 글의 느낌과 글맛, 그리고 읽을 때의 첫인상을 비교해보세요.

'문체'란 문장의 개성적 특색을 말합니다. 시대, 문장의 종류, 글쓴이에 따라 그 특성이 문장의 전체 또는 부분에 드러납니다. 요즈음에는 '글투'로 순화시켜 사용합니다.

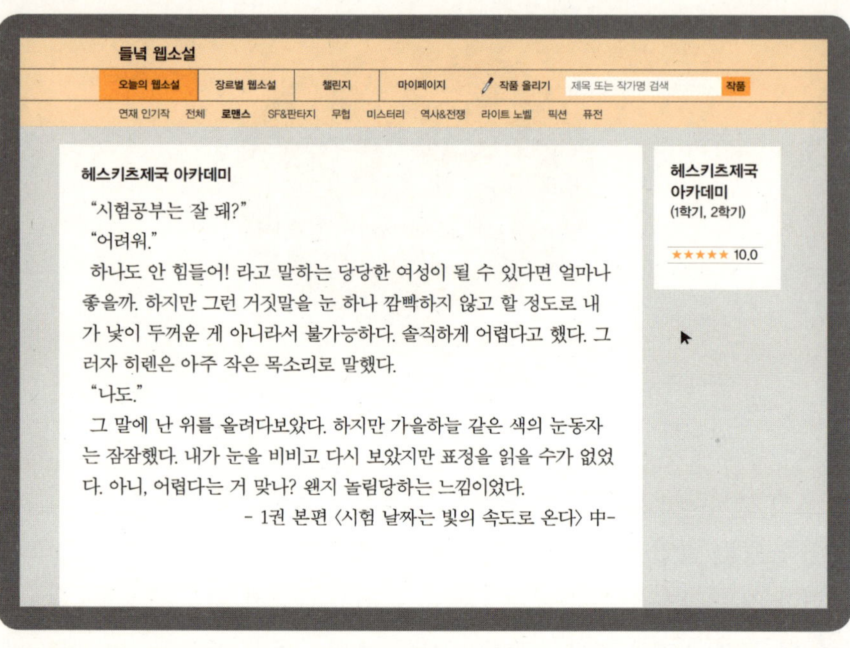
들녘 웹소설
오늘의 웹소설　　장르별 웹소설　　챌린지　　마이페이지　　✎ 작품 올리기　　제목 또는 작가명 검색　　작품
연재 인기작　전체　로맨스　SF&판타지　무협　미스터리　역사&전쟁　라이트 노벨　픽션　퓨전

헤스키츠제국 아카데미

"시험공부는 잘 돼?"
"어려워."
하나도 안 힘들어! 라고 말하는 당당한 여성이 될 수 있다면 얼마나 좋을까. 하지만 그런 거짓말을 눈 하나 깜빡하지 않고 할 정도로 내가 낯이 두꺼운 게 아니라서 불가능하다. 솔직하게 어렵다고 했다. 그러자 히렌은 아주 작은 목소리로 말했다.
"나도."
그 말에 난 위를 올려다보았다. 하지만 가을하늘 같은 색의 눈동자는 잠잠했다. 내가 눈을 비비고 다시 보았지만 표정을 읽을 수가 없었다. 아니, 어렵다는 거 맞나? 왠지 놀림당하는 느낌이었다.
- 1권 본편 〈시험 날짜는 빛의 속도로 온다〉中-

헤스키츠제국
아카데미
(1학기, 2학기)

★★★★★ 10.0

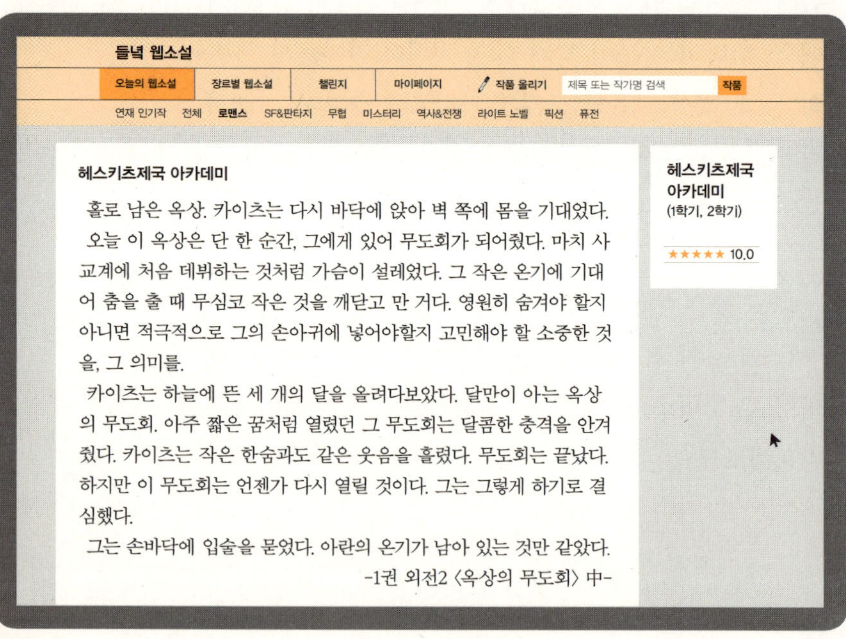
들녘 웹소설
오늘의 웹소설　　장르별 웹소설　　챌린지　　마이페이지　　✎ 작품 올리기　　제목 또는 작가명 검색　　작품
연재 인기작　전체　로맨스　SF&판타지　무협　미스터리　역사&전쟁　라이트 노벨　픽션　퓨전

헤스키츠제국 아카데미

홀로 남은 옥상. 카이츠는 다시 바닥에 앉아 벽 쪽에 몸을 기대었다. 오늘 이 옥상은 단 한 순간, 그에게 있어 무도회가 되어줬다. 마치 사교계에 처음 데뷔하는 것처럼 가슴이 설레었다. 그 작은 온기에 기대어 춤을 출 때 무심코 작은 것을 깨닫고 만 거다. 영원히 숨겨야 할지 아니면 적극적으로 그의 손아귀에 넣어야할지 고민해야 할 소중한 것을, 그 의미를.
카이츠는 하늘에 뜬 세 개의 달을 올려다보았다. 달만이 아는 옥상의 무도회. 아주 짧은 꿈처럼 열렸던 그 무도회는 달콤한 충격을 안겨줬다. 카이츠는 작은 한숨과도 같은 웃음을 흘렸다. 무도회는 끝났다. 하지만 이 무도회는 언젠가 다시 열릴 것이다. 그는 그렇게 하기로 결심했다.
그는 손바닥에 입술을 묻었다. 아란의 온기가 남아 있는 것만 같았다.
-1권 외전2 〈옥상의 무도회〉中-

헤스키츠제국
아카데미
(1학기, 2학기)

★★★★★ 10.0

어때요? 느낌이 많이 다르지 않나요? 본편은 양작가가 쓰고 외전은 정작가가 써서 그래요. 본편이 호흡도 빠르고 통통 튄다면, 외전에서는 느낌이 차분하게 가라앉아 있습니다. 이는 문체가 달라서 생기는 차이예요. 뭘 쓰든 양작가가 쓰는 글은 양작가가 쓴 것 같고, 정작가도 티가 납니다. 이렇게 작가마다 지니는 고유하고 개성 있는 글투를 우리는 '스타일'이라고 말합니다.

이런 스타일은 하루 이틀에 만들어지는 것이 아니랍니다. 글을 많이 쓰면서 차츰차츰 자신의 스타일을 잡아가게 되지요. 작가의 스타일 및 개성이 뚜렷할수록 독자의 기억 속에 오래 남기 때문에 '내 스타일을 가진다'는 것은 매우 커다란 장점입니다. 미국의 소설가 헤밍웨이(Ernest Miller Hemingway)는 인간의 모습을 간결하고 힘찬 문체로 묘사하는 것으로 유명합니다.『노인과 바다』,『무기여 잘 있거라』,『누구를 위하여 종은 울리나』 등을 한번 읽어보세요. 문장에서 작가의 향기를 그대로, 온전히 느낄 수 있을 겁니다.

잠깐! 글만 봤는데 쓴 사람을 알 수 있다고? 언뜻 이해가 되지 않는 분들도 계실 터이니, 다음 예시 글을 함께 읽어보겠습니다.

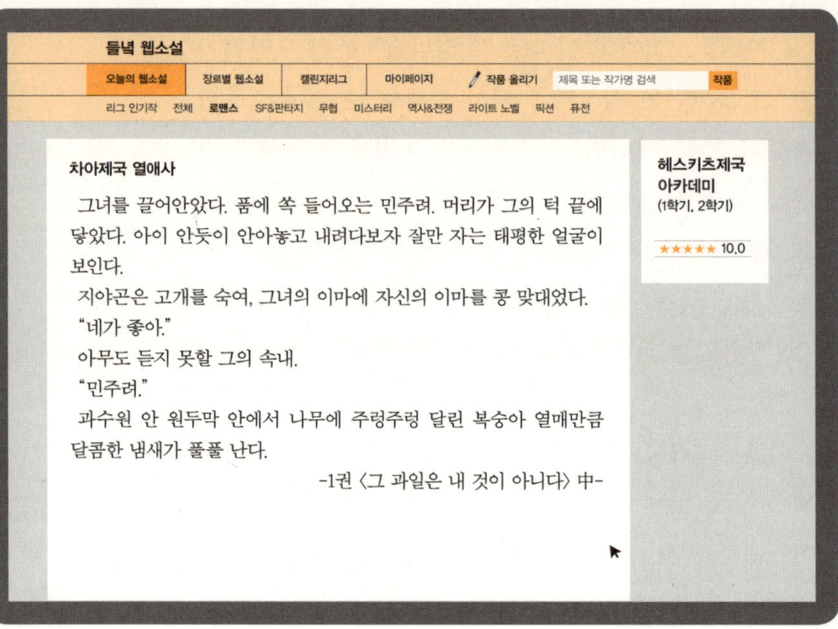

위의 글은 누가 썼을까요? 처음 나온 예시를 유심히 읽었으면 아시겠지만, 정작가가 썼습니다. 이 역시 공동 작품인데도 티가 확 나지요. '태평한', '속내', '복숭아 열매만큼 달콤한 냄새' 등등의 단어 선택과 끊어질 듯하면서 아슬아슬 이어지는 문장에서 정작가의 향기가 물씬 풍깁니다.

이러면 뭐가 좋을까요? 예에 그렇습니다. 독자의 선택이 쉬워집니다. '이 작가가 쓴 글은 내 취향에 맞아. 다음 작품도 재미있을 거야'라고 생각하며 작가의 다음 작품을 기다리게 되고 또 부지런히 찾아 읽게 되지요. 인터넷 연재 작가의 팬은 이렇게 생긴답니다.

　물론 스타일을 급하게 만들 필요는 없습니다. 앞서 말했듯이 스타일은 천천히, 시간과 정성, 그리고 노력을 들여야만 완성되는 것이니까요. 성인이 되어 주민등록증을 만들 때 지문을 꾹 찍듯이, 글에도 작가만의 지문을 꾸우욱 찍도록 합시다.

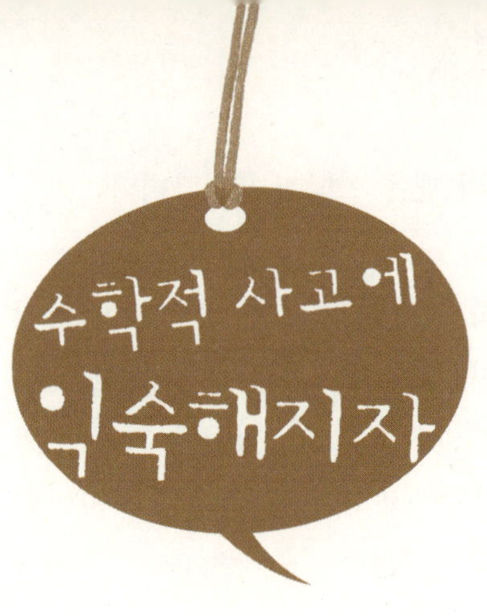

수학. 단어만 보아도 벌써 울렁증이 도지는 것 같지요? 괜찮아요. 양작가와 정작가도 수학 과목에 무척 약했거든요. 다행히 글과 관련된 수학적 사고를 키우는 데에는 미적분과 같은 어려운 내용은 필요 없어요. 그래서! 둘 다 지금까지 무사히 글을 쓰며 살고 있답니다. 글을 쓰는 사람에게 수학적 사고가 중요하다는 건 대체 무슨 의미일까요? 추리소설이나 탐정소설을 쓰는 데 필요하다는 뜻일까요?

이런, 벌써부터 머리가 아프다고 호소하는군요. 하지만 저희는 여러분을 힘들게 하려는 게 아니랍니다. 잠시만 이야기를 들어보세요. "글을 쓰는 사람은 수학적 사고에 익숙해져야 한다"는 의미는 아주 간단해요. '앞뒤가 딱딱 맞아 떨어지는 이야기를 쓴다'는 뜻이니까요. 무슨 소리인지 잘 모르겠다고요? 간단한 예를 들겠습니다.

양작가와 정작가는 다음 날 만나기로 약속했다.

↓

다음 날 두 사람은 만나지 못했다.

위의 순서도에는 무엇인가 빠져 있습니다. 과연 어떤 내용일까요?

양작가와 정작가는 다음 날 만나기로 약속했다.

↓

저녁에 양작가가 갑자기 배가 아파서 병원에 갔다.

↓

다음 날 두 사람은 만나지 못했다.

대충 감이 오나요? '딱딱 맞아 떨어지는 이야기'란 두 번째 순서도처럼 원인과 과정, 결과가 명확하게 연결되도록 만든 것을 뜻합니다. 이야기의 내용뿐만이 아니에요. 여러분이 작가가 되어 창조하는 등장인물에도 이 원칙이 적용됩니다. 처음에는 여주인공의 성격이 우유부단했는데 어느 장면부터인가 갑자기 폭풍 카리스마녀로 나온다면 독자는 많이 당황하겠지요? 변화의 배경이나 근거가 없다면 더욱더 그럴 테고요. 따라서 작가는 등장인물의 성격을 창조할 때 아주 치밀

하늘에서 혼자 뚝 떨어진 듯한 황당한 캐릭터는 매력이 없어요. 현실에서도 그런 사람은 찾아볼 수 없고요. 모든 인간은 거미줄처럼 촘촘히 얽힌 관계의 그물망 안에서 살아가니까요!

해져야 합니다. 하다못해 등장인물이 보여주는 일상의 작은 습관조차 철저하게 계산해야 합니다.

소설 쓰기란 순서도를 짜는 일보다 훨씬 복잡합니다. 하지만 기본은 위의 예시처럼 간단한 순서도를 만드는 것으로부터 시작하지요. 이야기란 결국 여러분이 만든 인물들이 살아 움직이면서 벌이는 사건들의 수많은 원인과 결과를 촘촘하게 엮는 일이니까요. 여러분, 줄거리를 완성하기 전에 꼭 이 같은 과정을 거칠 수 있도록 연습하고 또 연습하세요. 그래야만 앞뒤가 잘 맞는 논리적인 이야기가 완성됩니다.

특히 이야기가 뜬금없는 방향으로 진행되지 않도록 꼼꼼히 따져야 해요. 어떻게 해야 할지 감이 오지 않는다고요? 어떻게 따지라는 것이냐고요? 이런 물음에 저희는 대답합니다. "처음부터 따지세요!" 수학이라는 것이 공식과 풀이과정 없이 결과에 도달하지 못하는 것처럼, 글도 똑같습니다. 그런데 이야기를 만들기 전에 꼭 써야할 게 있어요. 바로 '시놉시스'입니다.

시놉시스의 사전적 의미는 "영화나 드라마 따위의 간단한 줄거리나 개요"입니다. 하지만 영화나 드라마만이 아니라 소설을 쓸 때도 적용할 수 있습니다. 시놉시스를 어떻게 짜는 것인지 궁금하지요? 저희 두 사람은 다음과 같은 간단한 순서도를 그려서 개요를 잡습니다.

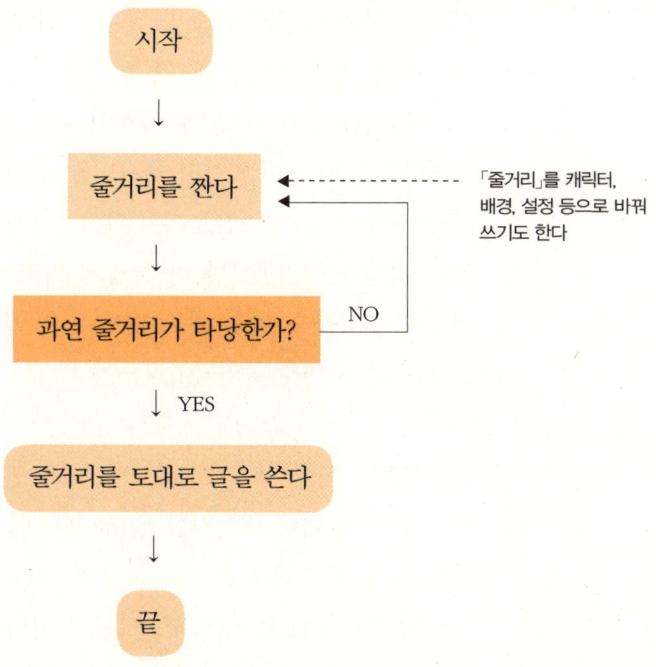

　우선 글을 쓰는 곳의 배경을 설정합니다. 판타지, 무협, 로맨스. 어떤 배경을 선택하든 설명이 필요한 법이죠. 세계관은 기본 바탕이기 때문에 꼼꼼하게 짭니다. 세계관을 다 짜고 나면 인물 설정을 해요. 인물 설정이란 여러분이 아시는 것처럼 '주인공'을 만드는 일이랍니다. 주인공의 나이는 몇인지, 성격은 어떤지, 상세하게 설정합니다. 이 설정에 따라 스토리가 달라지므로 신중해야 합니다.

　주인공 외에 조연이나 악역도 이때 만듭니다. 조연

주인공이 어린아이냐, 성인이냐에 따라 쓸 수 있는 내용은 완전히 달라지겠지요? 예를 들어 다섯 살짜리 평범한 아이는 전쟁에 나갈 수 없을 거고, 주인공의 성격이 소극적이고 얌전하다면 나가서 놀기보다 주로 집 안에서 책을 읽거나 장난감을 가지고 놀겠지요?

이나 악역은 주인공의 주변 상황을 만들기 때문에 보통 주인공 설정이 끝난 후 하는 편이 수월하답니다. 특히 악역 같은 경우에는 왜 악역이 되었는지, 주인공을 싫어하는 이유가 무엇인지 독자님들이 이해할 수 있을 만한 타당한 근거를 만들어야 해요. 그래서 어떨 때는 악역 설정을 주인공보다 더 공들여 짜기도 합니다. 자, 이렇게 설정들을 얼추 짜고 나면 가장 중요한 부분이 남게 됩니다. 바로 줄거리이지요.

줄거리는 이야기의 핵심입니다. 어떻게 시작해서 어떻게 끝날지 대략 줄거리를 잡습니다. 이때 수학적 사고가 가장 요긴하게 쓰입니다. 바로 '개연성'이라는 것 때문이지요. 개연성(蓋然性)의 사전적 의미는 "논리에서 절대적으로 확실하지 않으나 아마 그럴 것이라고 생각되는 성질"입니다. 바꿔 말하면 이렇습니다.

●그럴 것이다 → 그럴 듯하다 → 정말 있는 것 같다 →
현실성 있다

그럼 이제부터 개연성 있는 줄거리 만들기에 대해서 알아보겠습니다. 어렵게 생각하지 마세요. 잠깐 생각한다면 누구나 할 수 있어요. 명절이면 늘 텔레비전에서 방영해주는 영화 「반지의 제왕The Lord of the Rings」을 예로 들어볼게요. 「반지의 제왕」도 소설이 원작입니다. 여러분은 등장인물 중 가장 먼저 누가 떠오르나

요? 아마 다들 "마이 프레셔스!"를 외치던 골룸이 떠오를 겁니다.

골룸은 왜 반지를 그렇게 탐내고, '내 보물'이라면서 주인공 일행에게 접근했을까요? 사정은 이렇습니다. 원래 호빗이었던 스미골(골룸은 별명이지 그의 본명이 아닙니다)은 친구와 함께 낚시하던 어느 날, 절대반지를 얻게 됩니다. 그는 그 반지가 너무도 탐이 나서 친구를 죽입니다. 절대반지를 가진 그는 동굴 속에서 오랜 세월 살다가 프로도의 친척인 '빌보'라는 호빗에게 절대반지를 빼앗깁니다. 그 뒤 이야기는 영화나 소설을 보신 분들은 아시겠지요. 스미골은 절대반지를 되찾기 위해 주인공 일행을 함정에 빠뜨리지만 결국 반지와 함께 마그마에 빠집니다.

만약 스미골에게 이러한 사정이 없었다면 "마이 프레셔스!"라는 대사가 뜬금없다고 여겨졌을 거예요. 하지만 앞의 개연성 있는 사연 덕에 매끄럽게 이야기가 이어진 것이지요. 개연성은 줄거리뿐만 아니라 등장인물의 성격에도 중요합니다. 어제까지만 하더라도 상냥하던 사람이 갑자기 까칠해진다는 건 이상하죠. 분명히 까칠해진 데에는 이유가 있을 터인데, 그것을 짚고 넘어가지 않는다면? 굉장히 어색할 겁니다.

아, 또 하나 있네요. 등장인물이 아닌 사물에도 개

연성이 필요합니다. 사극에 스마트폰이 나오는 것만큼 아이러니한 일이 어디 있을까요? 「응답하라 1994」에서 주인공들이 삐삐를 들고 다니지 않고, 스마트폰으로 서로 연락했다면 아마 확 깼을 거예요. 줄거리, 등장인물, 사물에 이르기까지…… 우리는 개연성을 확보하기 위해 꼼꼼하고 철저하게 따져봐야 합니다. 그렇지 않으면 나중에 이야기가 산으로 가거나, 등장인물이 갑자기 증발하거나, 줄거리가 뜬금없는 전개로 이어질 수 있으니까요!

　어휴, 어려워! 이렇게 툴툴거릴 수도 있겠네요. 하지만 이야기 구조를 잘 짜야 하는 것만큼은 양보할 수 없습니다. 뼈대를 세우지 않은 글은 부실공사와 다를 게 없으니까요. 그리고 언제나 "이건 왜 이렇게 되는 거지?"라고 딴죽을 한 번씩 걸어주세요. 해답을 찾기 위해 노력하는 것만으로도 글의 완성도는 팍팍 올라갑니다!

중학생쯤 되면 부모님에게 받는 용돈이 부족하다고 생각할 수 있습니다. 혹은 충분하더라도 자신의 손으로 용돈을 벌고 싶은 학생도 있을 거예요. 우리나라에서는 미성년자가 아르바이트를 할 경우 법적 보호자의 허락을 얻어야 합니다. 그리고 합법적으로 아르바이트를 하게 되었을 때, 최저시급으로 계산한 아르바이트비를 받게 됩니다. 최저시급이란 무엇일까요? 어렵게 생각하지 말아요. 말 그대로 "한 시간을 일할 때 최소한 이만큼 받아야 한다"고 법으로 정해놓은 거랍니다.

2014년 기준 최저시급은 5,210원입니다. "겨우?"라고 생각할지도 모르겠어요. 5,210원은 햄버거 세트메뉴를 간신히 하나 시켜 먹을 수 있는 금액이니까요. 그런데 이것도 정말 많이 오른 거예요. 정작가가 처음 아르바이트 했을 때의 최저시급은 2,850원(2005년도 기준)이었거든요. 지금의 최저시급으로 꾸준히 일을 하면 여러분은

얼마를 받을까요? 하루 8시간 일하면 41,680원을 벌어요. 주5일 일하면 208,400원을 받고요, 하루 8시간, 주 5일로 한 달 내내 일하면 총 833,600원을 받습니다.

여기서 질문 하나! 작가는 과연 한 달에 얼마나 벌까요? "최소한 최저시급은 받지 않을까?" 혹시 이런 생각을 하고 계신 것은 아닌가요? 그럼 정답을 발표하겠습니다.

● 작가의 최저시급 = 며느리도 몰라!

답변이 조금 당황스러우셨죠? 작가도 직업인 이상 분명 돈을 벌기는 버는데, 뚜렷하지 않습니다. 아르바이트나 회사원처럼 또박또박 일당, 주급, 월급 이렇게 나오지 않아서 그래요. 책이 팔리는 만큼 돈이 나옵니다. 시급을 정할 수가 없는 형편이죠. 그냥 없는 것과 마찬가지랍니다. 그래도 "에이, 설마. 인기를 많이 얻는 작가인데 수입이 아르바이트 최저시급보다 적게 나오겠어?"라고 할 수도 있을 겁니다.

결론을 말씀드리자면 "예, 적게 나올 수도 있다"입니다. 앞서 말했듯이 작가는 책이 팔리는 만큼 수입이 들어와요. 그런데 만약 책이 안 팔린다면? 혹은 유료 연재를 했는데 아무도 보지 않는다면? 최악의 경우, 몇 달 동안 노력해서 쓰고 연재한 글이 팔리지 않아 수입

0원이 되는 경우도 있습니다. 차라리 그 시간에 아르바이트를 했으면 훨씬 더 잘 벌었을 거예요. 이제 작가라는 직업이 얼마나 경제적으로 어려움을 겪는지 느껴지나요?

작가는 직업입니다. 수입이 없으면 직업이라고 할 수 없겠지요. 사회생활이 되지 않으니까요. 그렇기 때문에 웹소설 작가 지망생 여러분은 조금 더 신중해져야 합니다. 꿈과 열정만으로 웹소설 작가를 직업으로 삼기엔 세상이 결코 만만하지 않거든요. 다른 직업도 그렇지만 특히 작가는 통장 잔고에 민감해야 합니다. 적든 많든 수입은 통장에 들어오지만 만약 그 인세가 한 달조차 견디기 어려운 액수라면 작가의 유통기한도 딱 그만큼입니다.

실제로 웹소설 연재 작가 중 적은 수입으로 버티다가 집필을 중단하고 다른 직업으로 이직하거나 아니면 두 개의 직업을 동시에 가지는 분들이 아주 많답니다. 꿈 실현과 생계 유지! 둘 다 이루기는 매우 힘든 일이지요.

물론 저희도 이 부분에 있어서는 다른 연재 작가들과 다르지 않습니다. 매달 수입을 예측할 수 없기 때문에 인세가 들어오는 날만 되면 바들바들 떨면서 계좌를 확인하지요. 예상보다 많이 들어오면 만세삼창을 하고 적게 들어오면 바로 대책을 세워요. 이럴 때를 대비해 마련한 비상금에 주로 기대게 되고요. 다람쥐가 도토리를 저장하는 것처럼 많이 들어올 때 모아뒀다가 어려울 때 쓰는 겁니다.

작가가 아무리 싫어해도 항상 따라다니는 말이 있답

니다. 바로 '헝그리 정신'입니다. 한자 성어로는 '궁당익 견(窮當益堅)'이라고 하는데요. "곤궁해질수록 더욱 지조 가 굳어진다"는 뜻입니다. 한 마디로 "배고프면 독해진 다"는 뜻이지요. 통장 잔고가 줄어들수록 작가는 더 절실한 마음으로 글을 쓰게 됩니다. 슬픈 일이지만, 그 럴 때 좋은 글이 나오는 경우가 많습니다.

대표적인 예로 정작가는 『기화, 왕의 기생들』을 한창 쓸 때 통장 잔고가 최하점을 찍었답니다. 『기화』는 정 작가의 최고 히트작이에요. 정작가의 작품 중 가장 많 은 독자님들이 보신 글입니다. 덕분에 정작가는 '기사 회생(起死回生)' 하는 데 성공했답니다. 작가가 쓰는 모든 작품이 『기화』처럼 술술 풀린다면 세상에 통장을 보며 고민하는 작가는 없겠지요. 하지만 신인 작가의 작품 이 잘 풀릴 확률은 매우 낮습니다. 열 작품을 출간하 면 한 작품만 성공해도 다행이라고 말할 정도거든요.

고로 연재 작가라는 직업을 가지고 살고 싶다면 경 제적인 부분도 많이 신경 써야 합니다. 쉽지는 않겠지 만 지금부터라도 기본적인 경제 지식을 갖추도록 하세 요. 틀림없이 큰 도움이 될 것입니다.

글을 쓸 때 가장 바탕이 되는 것이 있습니다. 학교에서 선생님들이 즐겨하시는 말씀 가운데 하나도 '배경지식(背景知識) 갖추기'입니다. 특히 논술 시간에 "배경지식이 있어야 논술을 잘할 수 있어!"라고 강조하시지요. 도대체 배경지식이라는 것이 무엇이기에 그토록 중요하다고 강조하는 걸까요?

풍성한 글감을 얻으려면 작가에게 배경지식이 많아야 합니다. 글이란 정보의 전달과 같은 역할을 하기 때문에 작가가 아무것도 모르면 결국 쓰는 글이 빈약해져요. 너도 나도 다 아는 내용만 쓰게 되지요. 아마 여러분은 이렇게 묻고 싶을 거예요. "기존에 있던 것을 쓰는 게 아니라 상상해서, 다 지어서 쓰면 괜찮은 거 아닌가요?" 하고요. 아니에요. 여러분이 생각하는 '상상'조차도 배경지식을 얼마나 많이 갖고 있느냐에 따라 수준이 달라집니다.

알기 쉽게 예를 들어보겠습니다. 여러분이 책으로도 많이 읽고 드라마로 더 즐겨 보았던 『해를 품은 달』을 떠올리세요. 그리고 『해를 품은 달』처럼 퓨전역사 로맨스의 한 장면을 써봅시다. 먼저 아무런 배경지식 없이 그냥, 무작정 한번 써보는 거예요.

시장바닥은 떠들썩했다. 어부며 농부며 자기 수확물을 저잣거리에 펼쳐놓고 목청 높게 외쳤다.
"사시오! 사시오!"
"싸게 드리오!"
그 가운데 잡상인이 집집마다 돌아다니며 물건을 팔았다. 아낙네들은 깔깔대며 쌈지를 열어 잡물을 사들였다. 시장바닥은 이렇게 집 밖이든 안이든 떠들썩했다.

어때요? 조금 어색하지요? 만일 어색하지 않다고 느꼈다면 공부가 조금 필요할 것 같네요. 위의 예시를 들기 전에 분명히 저희가 언급했지요? 『해를 품은 달』과 같은 퓨전역사 로맨스라고요. 아무리 퓨전역사라도 역사는 역사인 법. 기본적인 고증(考證)은 해야 합니다. 아무리 허구라고 해도 조선시대의 시장바닥이 과연 저러했을까요? 약간의 인터넷 검색으로 지식을 보충해서 위의 글을 고치면 다음과 같습니다.

고증 : 예전에 있던 사물들의 시대, 가치, 내용 따위를 옛 문헌이나 물건에 기초하여 증거를 세워 이론적으로 밝힘.

시장바닥은 북적북적했다. 어부가 낚아 올린 고기는 어물 장수가 지게에 지고 팔았고, 농부는 좋은 호미가 없나 철물 장수 앞에서 어정거렸다. 판을 펼친 장수들은 굳이 목청을 높일 필요가 없었다. 물건이 필요한 이들은 알아서 다가왔기 때문이다.

"이건 값이 얼마나 하오?"

바로 이렇게. 물론 시장바닥에 이처럼 판을 깔거나, 목청 높여 돌아다니는 장수만 있는 건 아니었다. 황아장수처럼 잡실뱅이 물건을 짊어지고 이 집 저 집 옮겨가며 파는 장수도 있었다. 장수가 다니는 곳은 비단 시장바닥만이 아니라는 뜻이다. 물건만 팔 수 있다면야 어디든 가지 못하랴?

어부는 물고기를 어물 장수에게 주로 팔았습니다. 그리고 농부는 수확한 곡식들을 대부분 세금으로 국가에 납부했지요. 남은 쌀은 당연히 먹었습니다. 팔 만큼 남은 경우는 매우 드물었어요. 또한 우리가 흔히 방문 판매원이라 알고 있는 잡상인은 조선시대에 '황아장수'라고 불렀습니다. 호칭이 따로 있었던 것이지요. 백화점이나 마트가 발달하면서 지금은 사라졌지만요.

고작 시장 한복판을 묘사하는 데도 이렇게 많은 지식이 필요하다니! 놀랍지요?

고증은 무척 힘든 작업입니다. 그래서 프로 작가들도 글을 쓸 때 어떤 부분은 자료를 찾지 못해 픽션으로 처리하거나 따로 새로운 말을 만들기도 합니다. 하지만 노력해서 찾을 수 있거나 습득이 가능한 지식이라면 최대한 익혀서 자연스럽게 쓰려고 공부해야 합니다. 얼마나 노력하느냐에 따라서 글의 완성도가 눈에 띄게 달라지거든요.

"나는 역사물을 쓰지 않으면 돼!"라고 생각하시는 분? 안타깝지만 천만의 말씀, 만만의 콩떡입니다! SF소설의 S가 Science(과학)의 약자라는 걸 잊으면 안 됩니다. 역사 로맨스는 한국사, SF소설은 과학을 공부해야 제대로 쓸 수 있어요. 그럼 현대물은? "일상생활을 묘사한 소설을 쓴다면 배경지식이 딱히 필요하지 않겠네요"라고 안심하는 당신! 역시, 천만의 말씀입니다. 현대물이 제일 어렵거든요. 상상력이나 설정으로 스토리의 구멍을 메울 수 없는 장르인 탓입니다. 그리고 판타지 소설은 그야말로 작가의 배경지식을 탈탈 털어 총망라한 집결체고요. 아는 것이 없으면 상상도 하지 못하잖아요?

예를 들어, 저희 두 사람이 쓴 『헤스키츠 제국 아카데미』는 제목에서도 딱 보이듯이 학원물입니다. 정확히는 '입시 로맨스'였지요. 이 작품의 시놉시스를 쓸 당시 배경 설정을 하면서 저희 둘은 그야말로 머리를 쥐어뜯었어요. 둘 다 고등학교를 졸업한 지 햇수가 꽤 되었고, 경험한 입시전형도 달랐기 때문에 도저히 아이디어가 안 떠올랐어요. 그래서 할 수 없이 그 끔찍했던, 다시는 보지 않겠다고 맹세했던, 대학 입시 자료를 찾아보았답니다. 울면서 스토리를 짰지요.

　이런 수고를 들인 덕에 연재 당시 소설을 읽던 고3 독자님들도 엄청나게 공감하셨고, 공부를 열심히 하겠다는 댓글을 줄줄이 달아주셨지요. 실제로 대학 합격 후에 인증 쪽지를 보내오신 분도 있어요. 저희 둘은 그 쪽지를 보고 합격해서 천만 다행이라고 생각했습니다. 만약 (저희 글을 읽느라고 학업에 소홀해) 불합격했다면⋯⋯. 생각하기도 싫어요.

　이제 배경지식이 풍부한 글이 얼마나 중요한지 잘 아셨지요? 배경지식을 넓히는 데 도움이 되는 방법에는 어떤 것들이 있을까요? 가장 먼저 '독서'입니다. 다들 잘 알고 있는 방법이지만 안 하는 일 중 하나이지요. 그 다음으로 영화감상과 여행, 인터넷 검색, 많은 경험을 들고 싶어요. 모두 배경지식을 얻는 데 큰 도움이 되는 것들입니다.

　저희 두 사람이 재미있게 보고 배경지식을 알차게 얻었던 작품을 몇 가지 소개할게요. 혹시 당장 무엇을 보고 읽어야 할지, 어떤 일을 해야 할지 고민하는 분들이 있다면 참고하셔도 좋겠습니다.

시간적 제약이나 금전적인 한계 때문에 이런 방법을 전부 실천에 옮기기란 쉽지 않습니다. 자신이 할 수 있는 가장 쉬운 것부터 시작해보세요. 차곡차곡 쌓은 지식이야말로 작가의 가장 큰 재산입니다.

● 한 번 손에 들면 놓기 어려운 만화

: 바쿠만, 식객, 은수저, 먼나라 이웃나라, 미스터 초밥왕, 유리가면

● 지식과 상상력의 보고인 서적

: 어린왕자, 꿈꾸는 책들의 도시, 영혼을 위한 닭고기 스프, 설득의 심리학,

앵무새 죽이기, 로도스도 전기

● 세상을 보는 눈 다큐멘터리

: MBC 눈물 시리즈(아마존·아프리카·북극·남극), 걸어서 세계 속으로

● 트렌드 웹툰

: 미생, 닥터 프로스트, 오무라이스 잼잼, 색으로 말하다, 차차차, 본초비담

마음을 낚는 이야기꾼
웹소설 작가 되기

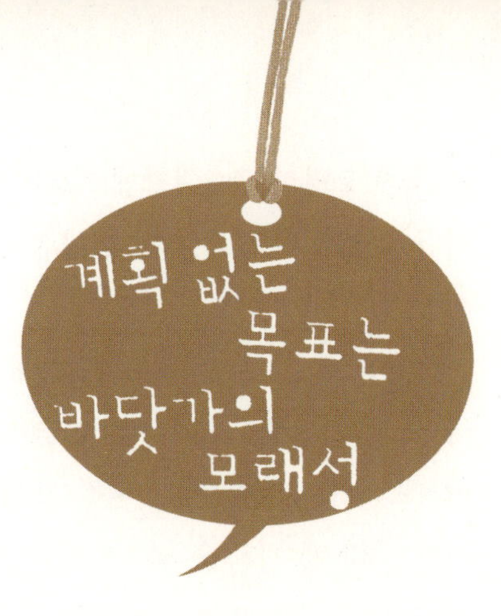

여러분은 무엇을 위해서 글을 쓰나요? 처음 글을 썼을 때 어떤 생각이나 목표를 가지고 시작하셨지요? 참고로 양작가는 여행을 다니고 싶은데 현실적으로 갈 수가 없어서 주인공이 여기저기를 돌아다니는 판타지 소설을 쓰기 시작했답니다. 정작가는 보고 싶은 취향의 글을 찾을 수가 없어서 결국 자급자족을 하기 위해 키보드를 두들겼고요.

글을 쓸 때는 모든 것을 내려 놓아라. 당신의 내면을 표현하려면 단순한 단어들로 단순하게 시작하라_나탈리 골드버그

글을 쓰고 싶다면, 뭔가를 창조하고 싶다면, 넘어질 위험을 감수하라_알레그라 굿맨

작가에게 딱 들어맞는 경험이란 없다_토마스 맥구안

　여러분이 웹소설 연재 작가를 꿈꾸는 지망생이라면 저희보다 목표가 훨씬 더 구체적일 거라고 생각합니다. 높은 조회수 달성이나 이북, 혹은 단행본 출간 계약, 공모전 당선 등등. 연재 작가로서의 성공을 목표로 잡고 있겠지요. 이러한 목적을 가지는 것은 아주 바람직한 일입니다. 원하는 것이 있는 사람은 그것을 이루기 위해 집중하게 되고, 자신의 능력을 100% 혹은 그 이상 발휘하기도 하거든요. 무엇보다 가장 좋은 것은 목

표가 있으면 평소 생활에서 불필요한 일들을 줄이고 시간을 효율적으로 쓰게 된다는 사실입니다.

하지만 목표를 잡을 때 주의해야 할 점이 있습니다. 바로 절대 이루지 못할 것 같은 불가능한 목표를 잡으면 안 된다는 것이에요. 예를 들어 한 달에 책 두 권 쓰기라든지, 첫 작품을 몇 만 부씩 판다든지 하는 목표는 나를 높은 곳으로 이끌어주는 원동력이 되지 못합니다. 오히려 시종일관 짓누르는 압박이 되어버립니다. 때로 장기간 연재를 할 수 없게 만드는 덫이 되기도 합니다.

목표를 이루고자 노력하는 작가 지망생에게 꼭 필요한 것은 무엇일까요? 바로 구체적인 계획입니다. 하지만 여기에는 누구나 다 고개를 끄덕이는 스토리가 하나 숨어 있게 마련이지요. 열심히 생각해서 짠 계획표를 제대로 지키는 게 결코 쉽지 않다는 것. 아마 여러분도 일 년에 두 번 맞는 방학 때마다 경험했을 거예요.

왜 그럴까요? 의지가 부족해서일까요? 아니에요. 너무 욕심껏 일정을 넣어서 그렇습니다. 우리가 지킬 수 있을 만큼의 계획만 넣었더라면 완벽하게 지키지는 못했을지라도 80% 정도는 계획표대로 진행할 수 있었을 거예요. 그러니 연재할 때 또는 계획을 세울 때는 자신이 할 수 있는 최소한의 양을 목표로 잡고 실천해보세요. 시간을 짤 때도 작은 단위부터 시작하는 게 좋습

니다. 처음에는 일주일, 그 다음에는 한 달, 그 다음에
는 일 년. 이렇게 하다 보면 어느 새 목표에 한 발자국
가까워진 자신의 모습을 볼 수 있을 테지요?

연재 작가로 활동하고 있는 저희 둘의 계획표(및 스케
줄 표)를 살짝 공개하겠습니다. 참고하기 쉽도록 양작가
는 반 년 동안의 스케줄을, 정작가는 한 달간의 스케
줄을 보여드립니다.

파란만장 태자호위담 연재 완결. 웹소설 작가 되기 원고 작성, 차아제국 열애사 주당 1회 연재	1월
웹소설 작가 되기 원고 마감, 차아제국 열애사 주당 1회 연재, 출판사 미팅	2월
차아제국 열애사 1·2권 e북 원고 편집 시작 (연재도 지속 중), 헤스키츠 제국 아카데미 외전 집필 시작	3월
차아제국 열애사 완결 후 e북 출판 작업, 헤스키츠 제국 아카데미 외전 집필 & e북 편집 작업	4월
엘샤 꽃나무 아래에 앉아서 개정판 e북 편집 작업 시작	5월
엘샤 꽃나무 아래에 앉아서 개정판 e북 편집 작업, 신작 시놉시스 작성.	6월

◀ 양작가의 2014년 상반기 스케줄

HAPPY NEW YEAR **2014 CALENDAR**

JANUARY
1

S	M	T	W	T	F	S
			1 가희 26화 마감	**2** 가희 27화 마감	**3** 치아제국 열애사 12장 마감	**4**
5	**6**	**7** 가희 28화 마감	**8** 양작가와 미팅	**9** 가희 29화 마감	**10** 가희 30화 마감	**11** 치아제국 열애사 13장 마감
12 웹소설 작가 되기 원고	**13** 웹소설 작가 되기 원고	**14** 가희 31화 마감 시사저널 인터뷰 (오후 3시)	**15** 11번가 인터뷰 (오후4시), 홍대 독자와의 만남 (오후 7시30분)	**16** 가희 32화 마감	**17** 가희 33화 마감	**18** 치아제국 열애사 14장 마감
19 웹소설 작가 되기 원고	**20** 인터파크 인터뷰 (오전 11시), 교보문고 인터뷰 (오후 3시)	**21** 가희 34화 마감	**22** 양작가와 미팅, 웹소설 작가 되기 원고	**23** 양작가와 미팅, 웹소설 작가 되기 원고, 가희 35화 마감	**24** 양작가와 미팅, 웹소설 작가 되기 원고, 가희 36화 마감	**25** 치아제국 열애사 15장 마감
26	**27** 가희 37화 마감	**28** 가희 38화 마감	**29** 가희 39화 마감	**30** 설날	**31**	

마음을 낚는 이야기꾼
웹소설 작가 되기

빠빡하다고 느끼는 분들이 많을 거라고 봅니다. "설마 저걸 다 하신다고요?"라고 묻는 분들도 계실 겁니다. 대답해드릴게요. "다 합니다. 저희 직업이니까요." 여러분이 학업 일정을 매일매일 하듯이 저희 둘도 꼬박꼬박 앞의 스케줄에 따라 일합니다. 물론 변동이 생길 수도 있어요. 사람 일이라는 게 어떻게 딱딱 기계처럼 오차 없이 맞아들어 가겠습니까? 하지만 중간에 순서가 바뀌더라도 데드라인이라 부르는 마감 날짜만큼은 죽어도 지키는 편입니다.

정 못 할 거 같으면 다시 일정을 조정해서 최대한 같이 일하는 관계자 분들에게 영향이 가지 않도록 노력합니다. 또 출판사 쪽에서 일정을 바꾸는 경우도 있기 때문에 적당한 융통성을 발휘한답니다. 이처럼 목표를 이루기 위해서는 계획도 필요하지만 완급 조절도 필수라는 점, 꼭 기억합시다!

웹소설 연재 작가를 지망하는 여러분, 이제부터 마라토너가 됩시다. 각자 목표를 결승골에 두고 체력과 힘, 그리고 지혜를 발휘하여 달리는 겁니다. 계획이라는 코스를 벗어나지 않는다면 여러분은 달콤한 보상을 얻을 수 있을 거예요.

마라토너가 노련하게 체력과 힘, 그리고 속도를 조절하며 긴 거리를 완주하는 것처럼 작가들도 목표에 따라 계획을 세우고 이것을 실천해나가야 합니다!

나의 스케줄러

월
화
수
목
금
토
일

잊지 말아야 할 것 :

메모 :

3부

하늘 아래
새로운
웹소설
쓰기

여러분, 혹시 일요일에 하는 예능 프로그램 「런닝맨」을 보고 있나요? 보는 분은 손을 번쩍 들어보세요! 오오, 굉장히 많네요. 역시 전 국민에게 인기 있는 예능답습니다. 저희도 독자님들과 마찬가지로 「런닝맨」을 무척 즐겨 본답니다. 매주 독특한 게임이 나오고, 게스트도 다양하게 출연해서 재미있어요.

이광수 씨는 어떤 때든지 꼭 배신하고, 김종국 씨는 역경이 와도 본인의 능력으로 헤쳐 나가지요. 송지효 씨는 두뇌 플레이에 능하고, 유재석 씨는 프로그램의 중심을 잡으면서 동시에 아직 익숙하지 않은 게스트들을 세심하게 챙깁니다. 왕코 형님은…… 참 빨리 떨어지시죠. 2013년에 딱 한 번 우승하신 걸 봤는데 부디 올해는 우승을 여러 번 하셨으면 좋겠습니다.

「런닝맨」은 고정으로 나오는 출연진에게 별명을 붙여서 캐릭터를 확실하게 잡았지요. 배신 기린, 능력자 꾹이, 에이스 지효 등등…… 아, 유르스윌리스도 있군요. 이렇듯 각자의 이미지와 캐릭터가 뚜렷하기 때문에 「런닝맨」을 보면서 시청자들은 다음에 출연진들이 어떻게 움직일지 대충 짐작하게 됩니다. 「런닝맨」을 보다 보면 가끔 작가들이 출연진의 캐릭터를 이용해 게임을 만들기도 합니다. 오랫동안 출연해서 다들 능숙하기 때문에 딱히 의도하지 않아도 요즘은 알아서 재미있게 한 시간을 이끌어나가곤 해요.

　자, 이제 「런닝맨」을 소설 쓰기에 적용시켜봅시다. 간단합니다. "출연진=등장인물, 게임=스토리"가 됩니다. 이제 저희가 무슨 말을 할지 대충 감이 오지요? 예. 바로 캐릭터입니다. 「런닝맨」에서 출연진의 캐릭터가 중요한 것처럼 소설에서도 캐릭터가 무척 중요합니다. 그래서 지금부터 드리는 이야기의 제목이 '캐릭터는 나의 힘'인 것이지요. 캐릭터가 얼마만큼 중요한가는 아래처럼 요약할 수 있습니다.

● 확실한 캐릭터는 독자들이 감정이입하기 쉽다.
예) 「치즈 인 더 트랩」의 홍설, 「응답하라 1994」의 쓰레기, 「아이언맨」의 토니 스타크

● 좋은 캐릭터는 작품의 인지도를 높인다.
예) 「겨울왕국」의 엘사, 『완득이』의 도완득, 『슬램덩크』의 강백호, 『레미제라블』의 장 발장

● 인상 깊은 캐릭터는 독자의 기억 속에 오래 남는다.
예) 「너의 목소리가 들려」의 박수하, 「은밀하게 위대하게」의 원류환(동구), 「짱구는 못말려」의 신짱구, 「포켓몬스터」의 피카츄

　위의 예시에 나온 캐릭터들은 별다른 스토리가 없어

도 그들이 어떻게 움직일지 머릿속에 훤히 그려볼 수 있어요. 이렇게 움직이는 캐릭터는 그 자체만으로도 스토리를 만들어냅니다. 흔히 작가들은 이런 캐릭터를 보고 "자기 멋대로 살아 움직인다"고 말합니다. 작가가 아무 생각을 하지 않아도 캐릭터가 혼자서 작품의 끝까지 쭉쭉 나아가거든요! 또한 이렇게 뚜렷한 캐릭터는 매력적이기까지 합니다. 캐릭터에게 매력은 아주 중요해요. 예쁜 떡이 먹고 싶어지는 것처럼, 멋진 캐릭터가 있는 글을 더 보고 싶어지는 법이니까요. 만약 등장인물이 시시하고 밋밋하면 아무리 재미있는 스토리라도 흥미가 떨어질 것입니다.

자, 그러면 어떻게 해야 독자들의 기억에 오래 남는 캐릭터를 만들 수 있을까요? 작가들마다 자신만의 노하우가 있겠지만 초보 작가들이 따라 하기에는 어려운 경우가 많답니다. 그러니 보편적으로 사용하는 캐릭터 만들기 요령을 세 가지 알려드리겠습니다. 잘 보고 자신만의 소중한 캐릭터를 만들어보세요.

학생은 교과서를 보고, 작가는 유명한 작품을 본다! 멋진 캐릭터를 공부하라!

「원피스」의 '루피', 「드래곤볼」의 '손오공', 「나루토」의 '나루토' 등등. 우리가 이름을 알 정도로 성공한 애니메이션의 주인공들은 성격이 뚜렷하고 독특합니다.

그래서 한 번만 봐도 기억에 오래 남지요. 그 캐릭터를
좋아하는 팬도 아주 많습니다. 팬이 많은 작품은 당
연히 인기도 높지요. 고로 작가들은 캐릭터를 만들 때
무척 공을 들인답니다. 이름부터 외모 설정, 나이에 성
격까지……. 물론 성장 환경을 세세하게 써놓는 것도
빼먹을 수 없어요.

　좋은 캐릭터를 만드는 것은 쉬운 일이 아닙니다. 그
래서 작가들은 끝없이 공부해요. 음, 우리가 보통 하
는 수학 문제 풀기나 단어 외우기가 아니라 유명하거나
재미있는 작품들을 찾아서 감상하고 읽습니다. 그리고
작품에서 캐릭터를 어떻게 설정했는지 정리해보지요.
예를 들어서 버스에서 자주 보여주는 애니 「라바」에는
두 마리의 애벌레가 나옵니다.

레드 : 하수구 아래 사는 붉은 색 애벌레. 성격이 급하고 욕심이 많
다. 옐로우를 무시하고 괴성을 지르며 발차기를 자주 한다. 하지만
마지막에는 늘 크게 당하는 불쌍한 녀석.
옐로우 : 레드와 함께 하수구 아래에 사는 노란색 애벌레. 레드보다
몸집이 크고 둔하다. 성격이 좋아 레드의 괴롭힘에도 계속 친구로
지낸다. But! 먹는 것 앞에서는 이성을 잃고 가장 친한 레드도 버린
채 달려간다.

바로 주인공인 레드와 옐로우입니다. 요 녀석들의 캐릭터를 분석해보니 뭔가 확실한 느낌이 오지않나요? 앞으로 버스에서 이들을 만난다면 웬지 좀 더 친근하게 느껴지겠지요? 이처럼 캐릭터를 분석하고 성격이나 특징을 정리해두면 나중에 자신만의 캐릭터를 만들 때 많은 도움이 됩니다. 굳이 손으로 일일이 써보지 않아도 괜찮아요. 재미있는 작품을 보고 나서 왜 저 캐릭터가 좋고 매력이 넘치는지 이유를 생각해보는 것만으로도 우선은 충분합니다.

주변 친구들·가족·지인의 성격을 따서 만든다

다들 『이상한 나라의 앨리스*Alice's Adventures in Wonderland*』를 읽어보았지요? 만화나 영화로 본 친구들도 있을 거고요. 주인공 '앨리스'는 작가가 실제 인물에서 영감을 얻어 만든 여주인공입니다. 작가 루이스 캐럴(Lewis Carroll, 본명은 Charles Lutwidge Dodgson)은 자신이 다니던 대학 학장의 딸을 만납니다. 리델 학장의 둘째 딸 이름이 앨리스였는데요, 그녀가 바로 『이상한 나라의 앨리스』의 모델이 됩니다. 이처럼 작가들은 종종 주변에 있는 인물에게서 캐릭터의 영감을 얻는 경우가 많습니다. 친구·가족·지인 등 실제 있는 인물은 살아 있고 생동감이 넘치며 개성도 뚜렷하기 때문이지요.

비슷비슷하고 재미없다고요? 설마요! 똑같은 사람은 아무도 없는걸요. 지구상 60억 인구 중에 완벽하게 일 치하는 사람이란 존재하지 않아요. 분명 사소한 버릇 이나 성장 환경, 특징이 다를 겁니다. 그 부분을 귀신 같이 잡아서 살리는 것이 포인트랍니다. 자고로 개성 은 사소하고 평범해 보이는 습관에서부터 나오니까 여 러분은 이제부터라도 주변 사람들을 면밀하게 관찰하 는 습관을 들이세요. 우리 곁에는 독특하고 개성 넘치 는 캐릭터가 꽤 많으니까요!

하루아침에 사람이 바뀌는 것은 불가능하다!

사람의 성격은 하루아침에 바뀌지 않습니다. 오죽하 면, 안 하던 짓을 갑자기 하는 사람을 보고 "쟤가 왜 저 래? 죽을 때가 되었나?" 하면서 고개를 갸우뚱할까요. 소설의 등장인물도 마찬가지입니다. 어제까지만 하더라 도 주인공을 죽일 것처럼 달려들던 악역이 어느 날 갑 자기 "우리, 친구합시다" 하면서 악수를 건넨다면 이 장 면을 읽는 여러분은 '이게 무슨 일이지?' 싶을 겁니다.

캐릭터의 성격이 갑자기, 이유도 없이 바뀌면 몰입도 가 뚝 떨어집니다. 이해가 안 되고, 어색하고, 매우 부 자연스럽기 때문이지요. 생각해보세요. 내 옆에 있던 친한 짝꿍이 어느 날 갑자기 "복수하겠다!"면서 커터 칼을 들고 위협할 리는 없잖아요. 만약에 정말로 그런 일이 일어났다면 분명 그 친구에게 뭔가 잘못한 일이 있을 거예요.

　물론 글을 쓰다 보면 캐릭터가 변심하는 경우도 생깁니다. 그때 가장 중요한 것은 위의 예시처럼 '친구에게 뭘 잘못했는가?'를 잘 설명하는 거예요. 만약에 이것을 무시하고 넘어가면 읽는 독자는 뜬금없이 바뀐 캐릭터의 성격을 이해할 수 없게 됩니다. 그러면서 일관성 없는 캐릭터에 실망하게 되지요(실은 작가에게 실망하는 거랍니다).

소설이나 희곡에서 앞으로 일어날 사건(변화)에 대하여 미리 독자에게 넌지시 암시하는 서술 방법을 복선(伏線)이라고 해요.

　무엇보다 등장인물의 성격에는 일관성이 있어야 합니다. 한 번 악역은 끝까지 악역, 선하고 정의로운 용사는 용사. 물론 이들이 (어떤 이유로) 변화를 일으켜 악역이 주인공의 조력자로, 주인공이 다크히어로가 될 수도 있어요. 그럴 때는 꼭! 꼬옥! 그 이유와 과정을 충분히 설명해야 한다는 것, 잊지 마세요. 좀 더 고차원적인 방법으로 악역 A가 언젠가는 변할 수 있다는 것을 넌지시 암시하는 방법을 사용할 수도 있고요. 무엇보다 중요한 사실 하나, "사람은 하루아침에 변하지 않는다!"를 꼭 기억합시다. 소설에 나오는 등장인물은 비록 가상의 존재이지만, 독자님들은 실존하는 인물처럼 상상하고 읽으니까요!

사람과 등장인물을 다르게 생각하면 안 됩니다.

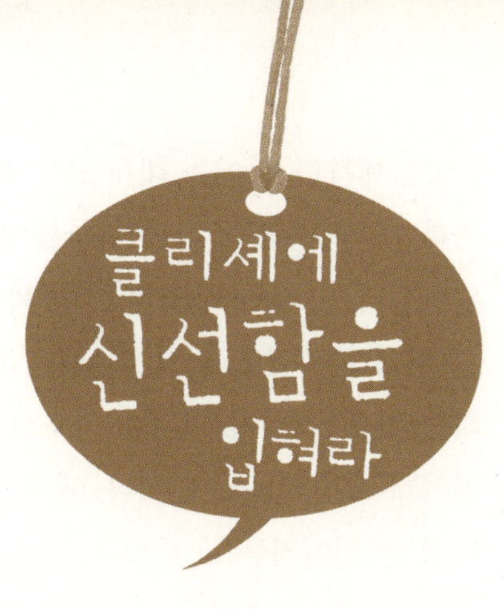

'클리셰(cliche)'라는 단어가 정확히 무슨 뜻인지 알고 있나요? 클리셰는 프랑스어로 본래 인쇄할 때 사용하는 연판(鉛版, 처음에 만든 금속 원형판을 똑같이 복제한 판)을 뜻하는 인쇄용어였어요. 그런데 19세기 말부터 이 단어는 '진부한, 혹은 상투적인 표현'을 가리키는 의미로 사용되기 시작했지요. 그리고 지금은 영화·문학·만화 등에서 뒤가 예상되는 전형적인 스토리를 볼 때 흔히 쓰는 말이 되었습니다.

여러분이 어느 날 드라마에 자주 나오는 신데렐라 스토리를 보게 되었습니다. 아니나 다를까, 가난한 여주인공이 부잣집 남주인공을 만나 우여곡절 끝에 맺어지고 행복하게 사는 것으로 끝납니다. 드라마를 보고 난 여러분은 입을 모아 이렇게 이야기할 거예요. "아, 정말 진부한 클리셰 투성이었어" 하고 말입니다. 이제 클리셰가 어떤 의미인지 확실하게 알겠지요?

한마디로 드라마나 영화에서 사용하는 진부한 장면이나 판에 박힌 대화, 상투적 줄거리, 전형적인 수법 또는 표현 등을 의미하지요.

클리셰라는 단어는 대개 남의 이야기 구조를 그대로 따라 쓸 때처럼 부정적인 상황에서 사용되는 경우가 많습니다. 그래서 무조건 '클리셰가 나오면 나쁘다!'라고 여기는 사람도 적지 않아요. 하지만 작가 지망생이라면 왜 클리셰가 지겨울 정도로 많이 나오는지를 진지하게 고민해봐야 합니다. 많이 나오는 데엔 다 이유가 있는 법이거든요.

음, 잘 모르겠지요? 사실 클리셰가 나오는 데에 대단히 특별한 이유가 있는 것은 아닙니다. "고전은 영원하다"라는 말이 있는 것처럼 예나 지금이나 많은 사람들에게 사랑 받는 이야기의 구조는 동서고금(東西古今)을 막론하고 비슷하기 때문이에요. 사람들의 정서가 그만큼 보편적이라는 뜻이기도 하고요. 서양이나 동양이나 선호했던 이야기에는 모두 공통점이 있답니다.

그럼 왜 우리는 똑같은 이야기 구조를 가진 작품을 대할 때 어떤 것은 읽으면서 (혹은 보면서) 즐거움을 느끼고, 어떤 작품은 지루하다고 생각할까요? 바로 작품을 만든 작가의 역량 차이 때문이지요. 내공이 있고 실력이 좋은 작가는 흔한 이야기 구조도 신선하고 재미있게 가공(加工)합니다. 여러모로 궁리해서 대사도 신경 쓰고, 캐릭터도 더 호감을 사도록 만들고…… 그렇게 자신만의 색깔을 만들어가는 겁니다.

하지만 그렇지 못한 작가, 혹은 실력이 여물지 못한 작가는 다들 익숙하게 알고 있는 클리셰를 그대로 가져다 쓰지요. 당연히 뒷내용이 훤히 보이기 때문에 소설이든, 드라마든, 영화든 클리셰를 가져다 쓴 작품들은 혹평을 받게 마련입니다. 재미가 없으니까요! 고로 작가는 클리셰에 자신만의 신선함을 입힐 수 있어야 합니다. 남과 다르게 만드는 노하우를 익혀야 해요.

물론 이런 작업은 하루아침에 이루어지지 않습니다. 여러분이 당장 프로 작가들처럼 클리셰 변형을 자유자재로 하기란 매우 어려워요. 초보 작가가 글쓰기에서 클리셰를 변형시키는 기술은 게임에서 초급 레벨 유저가 중급 기술을 익히는 것과 비슷한 난이도거든요. 그러나 어렵다고 해서 안 할 수는 없겠지요. 그래서 저희 두 사람이 나름대로 쉽게 익힐 수 있는 몇 가지 팁을 정리해보았습니다. 모두 세 가지입니다.

캐릭터를 비틀어라

"캐릭터가 빨래도 아닌데, 뭘 비틉니까?"라고 외치며 머리 위에 물음표를 뿅뿅 띄운 채 저희를 바라보는 독자님의 시선이 느껴지네요. 백문(百聞)이 불여일견(不如一見)이라, 설명보다는 예가 더 이해하기 쉬울 것 같아 비틀린 캐릭터의 좋은 예를 보여드릴게요. 국내 애니메이션 흥행 기록을 전부 갈아치운 것도 모자라 책까지 베

예를 들자면, 여러 사람에게 똑같은 케이크시트와 생크림, 그리고 데커레이션용 과자를 주어도 나오는 케이크의 모양이 제각각인 것과 같습니다. 어떤 사람은 과자로 하트를 만들 테고, 어떤 사람은 케이크의 옆면에 장식을 더 많이 붙여 화려하게 꾸미겠지요.

스트셀러가 된 디즈니사(The Walt Disney Company)의 「겨울 왕국Frozen」, 바로 거기에 나오는 '한스 왕자'가 잘 비틀어놓은 캐릭터랍니다.

여주인공인 '안나'와 이야기 첫 부분에서 달콤하게 연애하는 바람에 "오, 전형적인 왕자님이구나!"라고 관객들은 생각합니다. 하지만 뒷부분에 가면 "어! 흑막이다!" 하게 됩니다. 제일 나쁜 놈이었거든요. 정작가는 한스 왕자의 본모습이 드러나는 장면을 보고 어찌나 충격을 받았는지 영화관에서 팝콘을 먹다 흘렸답니다. 잘생기고 착하게 나와서 감쪽같이 속아버렸대요. 하지만 그래서 더욱 재미있었습니다!

복선을 활용하라

소설과 영화에서 나오는 복선은 작품을 손에서 놓지 못하게 만드는 필수 조미료입니다. 튀김을 떡볶이 국물에 적셔 먹어야 제 맛이 나는 것처럼 복선이 없는 작품은 아무래도 밋밋해지는 경향이 있어요. 정작가를 충격의 도가니에 빠뜨렸던 한스 왕자의 배신 역시 갑자기 벌어진 것은 아닙니다. 「겨울 왕국」을 유심히 보면 군데군데 복선이 깔려 있어요.

일단 처음 안나와 만나는 장면에서 눈치가 빠른 관객이라면 어렴풋이 감을 잡을 수 있지요. 13번째 왕자라고 자기소개를 하는데요, 위의 형이 12명이나 있으면 당연히 왕위를 계승할 수 없으니 한스가 왕이 되려면 여왕이 있는 나라로 가서 혼인하는 방법밖에 없겠지요. 그런데 '아란델'은 공주만 있는 나라! 여기서부터 수상한 냄새가 나기 시작합니다. 그 외에도 애니메이션을 보다 보면 하나씩 제작진이 깔아놓은 복선들이 있지만 다 말해버리면 「겨울 왕국」을 보지 않은 독자님에게 '미리니름'을 하게 되므로 이 정도로만 하겠습니다.

평범한 스토리라도 복선을 어디에 깔아놓느냐에 따라 읽는 사람의 몰입도가 크게 달라집니다. 그러니 요리할 때 적절하게 조미료를 넣는 것처럼 분량과 타이밍을 잘 봐가며 복선을 넣어보세요!

예상할 수 없는 전개를 만들어라

앞에서 디즈니의 「겨울 왕국」을 예로 들었지요. 디즈니는 원래 클리셰가 뻔한 줄거리를 토대로 애니메이션을 만드는 경향이 매우 강합니다. 「백설공주와 일곱 난장이Snow White and the Seven Dwarfs」, 「인어공주 The Little Mermaid」, 「신데렐라Cinderella」, 「잠자는 숲 속의 미녀Sleeping Beauty」, 「미녀와 야수Beauty and the Beast」에 이르기까지 거의 다 그렇습니다. 신분 상승, 해피엔딩, 그리고 남주인공은 왕자, 아니면 여주인공보다 신분이 높은 귀족이지요. 「겨울 왕국」은 디즈

'미리니름'은 순우리말 '미리'와 '니르다'의 합성어로, 일본식 표현을 순화하는 과정에서 생겨난 말. 누가, 어떤 작품(소설·영화·만화 등)을 감상하려는 사람에게 그 작품의 줄거리나 핵심 포인트를 미리 유포했을 때 쓰는 말이지요. 영문 표현으로 '스포일러'라고 합니다.

한국에서는 2007년 Platinum Edition이 수입되면서 '잠자는 숲 속의 미녀'에서 '잠자는 숲 속의 공주'로 명칭이 바뀌었어요.

니의 작품들 중 이례적으로 이 같은 틀을 깨면서 더욱 유명해졌습니다.

하지만 처음부터 상식과 담 쌓은 애니메이션을 만든 곳이 있습니다. 디즈니의 라이벌 드림웍스(DreamWorks Animation SKG, Inc)입니다! 이곳의 간판 작품인 「슈렉 Shrek」 시리즈는 1편부터 마지막 편까지 관객의 상상을 초월하는 내용과 캐릭터들로 무장해 그야말로 멘붕을 안겨줬지요. 특히 1편의 마지막에서 피오나가 인간인 아닌 오거(ogre)의 모습을 선택하는 건 정말 아무도 예상할 수 없었던 전개였어요. 일반적인 결말이라면 피오나는 아름다운 인간 공주의 모습으로 돌아오는 것이 당연했으니까요. 하지만 그녀는 오거인 슈렉의 곁에 남기 위해 여성들이 중요하게 생각하는 가치인 '미'를 포기하고 사랑을 선택했습니다.

드림웍스는 또 「슈렉 2」에서 다시 한 번 관객들에게 충격을 안겨줍니다. 이번에는 슈렉이 인간이 되는 전개여서 "아, 둘 다 인간의 모습으로 사는구나" 싶었는데 막판에 또 오거의 모습으로 돌아옵니다. 이렇듯 예상할 수 없는 전개를 사용한 「슈렉」 시리즈는 팬이 무척 많아서 4편까지 나왔습니다. 2001년부터 2010년까지 무려 10년 동안 드림웍스를 먹여 살린 효자 작품이 되었지요.

　뻔하지 않으면서도 독자에게 기분 좋은 웃음을 줄
수 있는 전개를 만들기 위해서는 가끔 상식을 뒤엎는
발상이 필요합니다. 프로 작가들도 가장 골머리를 썩
는 부분이지요. 하지만 평소에 자주 생각을 하다 보면
언젠가는 작품에 훌륭하게 사용할 수 있는 때가 온답
니다. 그러니 흔한 것이라도 다르게 보는 습관을 들여
보세요.

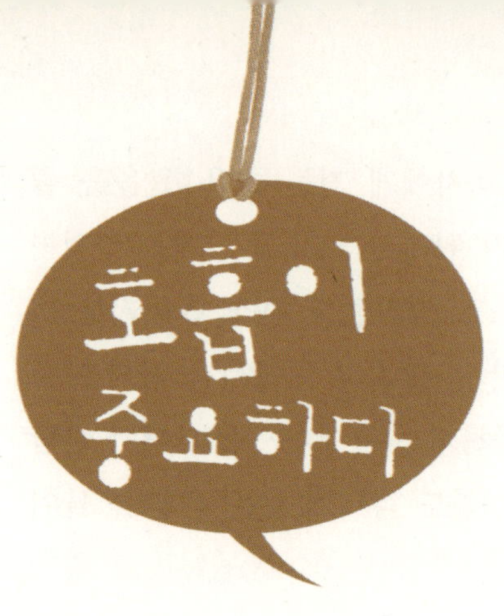

숨을 쉬어봅시다. 후-하. 후-하. 그리고 우리, 아무 노
래나 랩을 해봐요. 무슨 주제가 좋을까요? 저희는 애
국가를 불러보겠습니다. "동해물과백두산이마르고닳
도록하느님이보우하사우리나라만세." 헉헉. 이걸 끊지
않고 읊으려니 숨이 차고 힘듭니다. 끝까지 못 가요.

하지만 우리가 익힌 악보에 따라 부르면 다릅니다.
음정도 있고요, 박자도 있고, 중간 중간 쉬지요. 그냥
읽으면 지치고 힘든데 노래하면 편합니다. 술술 입에서
나오기도 하고요. 글도 마찬가지예요. 글도 악보와 같
아서 음정, 박자, 숨 돌리는 곳이 필요합니다. 왜 필요
할까요? 다음의 예시를 봅시다!

　　그렇게 민주려는 속옷 도둑을 잡을 수 있었는데 무려 금 백 냥짜리였다. 그 뒤의 일은 착착 진행되었고 주술로 온몸을 꽁꽁 묶은 다음에 사내에게 속옷 도둑을 들게 해서 관청까지 가서 속옷 도둑입니다요 하고 넘겨버렸다.

　　곧 숨이 넘어갈 것 같지요? 끊지 않고 전부 이었더니 이렇게 되었습니다. 이래도 어색하지 않다면 소리 내어 읽어보세요. 숨이 모자라 헉헉거리게 되지요. 이러면 읽다가 지칩니다. 굳이 입으로 말하지 않고 눈으로 보는데도 지쳐요. 안 그럴 것 같다고요? 좋아요. 어디 그럼 조금 더 이어보도록 하겠습니다.

　　그렇게 민주려는 속옷 도둑을 잡을 수 있었는데 무려 금 백 냥짜리였다. 그 뒤의 일은 착착 진행되었고 주술로 온몸을 꽁꽁 묶은 다음에 사내에게 속옷 도둑을 들게 해서 관청까지 가서 속옷 도둑입니다요 하고 넘겨버렸다. 맨발로 보무도 당당하게 걷는 민주려를 보며 저잣거리에서는 이미 한바탕 소란이 일어났는데 다들 돈귀신이다 돈귀신 민주려다! 라고 외쳤다.

　　읽는 사람으로 하여금 숨차게 하는 문장입니다. 보다가 물려서 한 페이지 넘기기도 어려운 글이지요. 너무 짧아도 문제지만 적절하게 끊지 않고 너무 길어도 좋지 않습니다. 그럼 이 글을 적당히 끊어볼까요?

훨씬 자연스럽고 읽기도 편해졌지요. 여기서 뭐가 더 추가되었을까요? 문장을 토막 내기도 했지만, 적절하게 잇는 접속사(그렇게 등)와 쉼표(,)가 있었죠. 그리고 아예 문단을 나누기도 했습니다. 덕분에 이 문장은 강약 조절이 되었고, 제법 편안하게 읽힙니다.

가끔 소설을 읽는데 손에 땀을 쥐고 푹 빠질 때가 있지 않나요? 그렇다면 그 글을 차근차근 분석해보세요. 분명 그 소설의 문장이 악보처럼 잘 짜여 있다는 것을 알게 될 겁니다.

이처럼 글에는 호흡이 있습니다. 이것을 조절하는 게 관건이고요. 술술 끊이지 않고 읽힌다는 것은 아주 큰 장점 아닐까요? 물론 처음부터 잘할 수는 없습니다. 이제 겨우 콩나물을 그리고 있는데 갑자기 교향곡을 작곡하라고 하면 아무도 못 하지요. 팁을 하나 드릴게요. 아까부터 계속 강조한 대로 쓴 글을 직접 읽어보는 겁니다. 만약 입에 착착 감긴다면 잘 써진 문장입니다. 호흡이 편하다는 뜻이거든요. 물론 여기에도 문제는 있어요. 폐활량이 정말 좋은 친구들은 아무리 긴 문장도 편안하게 읽을 수 있을 것 같거든요(^^). 그러니 만약 내 폐활량이 정말 좋다! 이럴 경우 옆의 친구에게 부탁하거나 자기가 생각하는 것보다 살짝 짧게 끊어주세요. 장단단 장단장 이런 식으로 조절해가면서요.

잊지 마세요. 호흡! 그리고 글은 악보라는 것을!

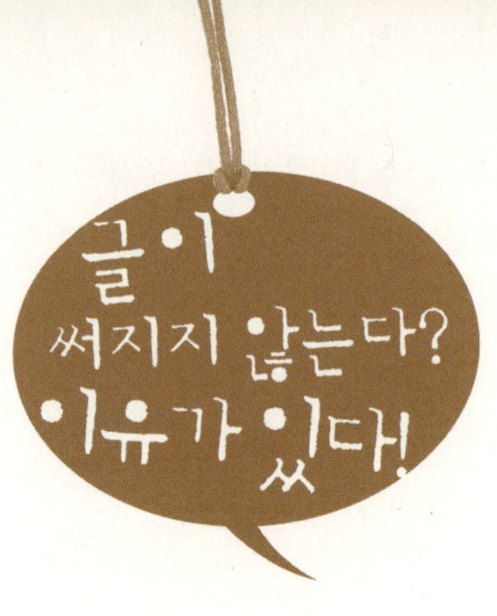

"으악! 안 써져!"
머리를 쥐어짜도 안 나오고, 키보드 위에 놓인 손가락
은 나뭇가지처럼 뻣뻣하게 굳고……. 그런 적은 없었나
요? 당장 다음 편을 올려야 하는데 잘 써지지 않는 내
소설! 왜 그럴까요?

작가라면 한번쯤 다들 이렇게 말합니다. "그놈의 슬
럼프가 문제야"라고요. 사실 작가뿐만이 아니라 다른
직업을 가진 사람들도 그래요. 정체기가 오면 실력도
안 늘고 힘드니까요. 그런데 웹소설 작가의 정체기는
조금 심각합니다. 웹소설 연재 작가가 연재를 하지 못
한다는 것은 결국 밥을 굶는다는 뜻이거든요! 게다가
웹소설 작가는 단순히 슬럼프라고 해서 글을 못 쓰는
게 아니랍니다. 대부분 원인이 있게 마련이지요.

내 뇌의 주름이 지금 깨끗하게 펴져 있는가?

글을 너무 많이 쓰게 되면, 소재도 떨어지고 번뜩이는 아이디어도 다 죽어버립니다. 지금 작업 중인 글에 모든 걸 다 쏟아 부었는데 어떻게 더 쓰냐고요! 당연히 휴식도 가지고 쉬엄쉬엄 다른 경험도 하면서 채울 수밖에 없습니다. 그러지 않으면 한계까지 다 끌어다 써서 뇌가 깨끗이 표백되는 수가 있어요.

이렇게 지칠 때는 아주 잠깐 짬을 내세요. 음악 감상을 하든, 좋아하는 작가의 책을 읽든, 혹은 산책을 하거나 운동을 하면서요. 복잡한 머릿속을 정리하고 에너지를 충전하려면 반드시 일상의 삶에 '쉼표'를 찍어야 할 순간이 오게 마련입니다. 그럴 때는 작업 공간을 벗어나서 자유롭게 고고씽……. 그러지 않으면 절대 좋은 글이 써지지 않는답니다.

꽉 막힌 이야기는 글이 보내는 위험 신호!

컨디션 최고. 쓰고 싶은 글의 아이디어와 소재 완벽. 그런데 소설이 안 써지는 경우가 있지요? 분명 완벽하게 구성을 짰다고 생각했는데…… 이게 웬걸, 진도는 안 나가고 명절의 교통체증처럼 꽉꽉 막히지 않나요? 만약 그렇다면 여러분은 글이 보내는 위험 신호를 받고 있는 겁니다! 글이 지지부진 앞으로 나아가지 않는 데에는 다 이유가 있어요. 원인을 살펴봅시다.

김순재 : "아버지가 말이야. 왕년에 아주 잘 나갔어요. 너 태어나기 전에는 얼마나 잘 나갔는지 아냐? 이 근방에 모르는 사람이 없었어. 듣고 있냐? 그래. 그러니까 아버지가 말이야. 왕년에 아주 잘 나갔……."

김우리 : "그거 아까 전에도 말씀하셨잖아요. 근방에 모르는 사람이 없었다고."

김순재 : "그렇지! 그러니까 왜 근방에 모르는 사람이 없었냐고 하면. 왕년에 잘 나갔거든."

김우리 : "아이고. 똑같은 말을 몇 번이나 하시는 거예요! 으아아!"

비슷한 부사·동사·주어·접속사 등을 주절주절 반복하고 있을지도 몰라요. 혹은 자신도 모르게 주절주절 부연 설명을 늘이고 있을지도 모르고요!

한 번쯤 겪어본 상황이지요? 예에, 그래요. 든든하고 멋진 우리의 가장! 아버지의 술주정입니다. 하하, 똑같은 말 정말 계속 반복하세요. 때로는 카세트테이프 무한 반복으로 틀어놓은 기분도 들고요.

그런데 이 술주정의 특징이 우리가 쓴 글에 나타난다면 어떻게 될까요? 맞아요. 끔찍하게도 이런 경우가 자주 있습니다. 분명 내용에는 문제가 없어 보이는데 읽을 때 지루하다면, 우리가 아버지의 술주정처럼 같은 말을 반복하고 있지 않은지 체크해야 합니다.

막 만드는 야매 요리는 맛을 보장할 수 없습니다!

글을 쓸 때 처음부터 끝까지 세세하게 줄거리를 짜는 경우도 있지만, 때론 "삘(feel)이 왔어! 그분이 오셨어!" 하면서 무작정 쓸 때도 있습니다. 우리는 그 삘에 의해 탄생한 글을 '지름작'이라고 합니다. 이런 글은 하늘의 계시라도 받은 것처럼 톡톡 튀고 재미있게 느껴집니다. 처음에는 말이지요.

하지만! 당장 쓰고 싶더라도 진지하게 따져야 합니다. 설정에 구멍은 없는가, 줄거리는 제대로 빈틈없이 메웠는가? 만약 이처럼 꼼꼼하게 확인하지 않고 넘어가면 나중에 이야기가 헝클어져서 진행이 안 될 수 있습니다. 이것저것 실험해보고 레시피를 제대로 짜지 않고 만드는 야매 요리의 맛을 보장할 수 없는 것처럼요.

사공이 많으면 배가 산으로 간다, 그렇다면 내 소설은?

글을 연재하다 보면 댓글이 심심찮게 달리지요. 그중에 많이 달리는 것이 이야기 방향입니다. 읽는 독자님들의 날카로운 안목과 예리한 구멍 찌르기에 움찔하지 않을 작가는 없습니다. 다 옳은 말씀이라 고치는 경우도 적지 않습니다. 사소하게는 오타부터 크게는 이야기 방향까지도 수정하지요.

그러나 댓글에 달리는 의견은 독자님 개개인의 생각

일 뿐입니다. 창작자가 애초에 가지고 있던 의도와 다르다면 굳이 반영하지 않아도 됩니다. 이야기의 방향이나 캐릭터 설정은 작가 고유의 권한이니까요. 중심을 잃고 댓글에 휘둘리게 되면 이야기는 어느 순간 휘리릭~ 산으로 가버립니다!

멋지게 키보드를 두드리고, 글을 한 자 한 자 정성스럽게 써서 연재를 시작했습니다. 처음에는 엄청 즐거웠을 거예요. 다른 사람들이 내 소설을 읽어준다는 생각에 흥이 나서 신이 나게 연재했을 겁니다. 하지만 그 이후, 어떻게 되었을까요? 둘 중 하나입니다. 훌륭하게 완결을 냈거나 아니면 미완결인 채로 남아 있거나! 누구나 웹소설 연재를 시작할 수는 있지만, 제대로 끝을 내는 사람은 얼마 없습니다. 참, 이율배반(二律背反)적인 상황이지요.

인터넷 연재소설 작가인 저희는 미완성 소설을 볼 때마다 많이 안타까워요. 잘 다듬으면 정말 재미있고 흥미로울 것 같은 작품들이 중간에 사라지기 때문이지요. 또 작가가 정식 계약을 하기 원하고 프로 작가를 꿈꾸고 있다면 더욱 더 안타깝습니다. '저러면 안 되는데……' 하는 생각이 듭니다. 왜냐고요? 신인 작가의

현재 많은 사이트에서 연재되고 있는 소설 중에, 제대로 완결이 난 연재소설은 극히 적어요. 조금 과장한다면 연재소설 100개 중에 끝까지 연재한 작품은 기껏해야 6~7개 정도? 나머지 작품들은 전부 미완인 채로 남아 있거나 작가가 아예 지워버립니다.

미완결 소설에는 계약 제의가 거의 들어오지 않거든
요!

　"어, 제가 보던 소설은 완결이 나기도 전에 출간 계약
이 되었다고 다 삭제하시던데요?"라고 묻고 싶은 분!
물론 그런 경우가 많긴 합니다. 하지만 이 안에도 여러
가지 속사정이 있어요. 일반적으로 출판사에서 계약
제의를 할 때는 뒷부분까지 스토리가 다 나와 있는지
물어본 후 담당자가 완결을 낼 수 있을 것 같다는 판
단이 서면 계약을 진행합니다. 혹은 '성실 연재'를 하는
작가라고 인정하는 경우이지요.

　즉, 미완결 상태로 몇 달이고 내버려둔 소설은 아무
리 재미있어도 선뜻 작가에게 연락하지 않습니다. 힘
들게 계약해서 책을 내고 있는 와중에 작가가 완결을
못 낸다고 하면? 출판사 입장에서는 엄청난 손해를 감
수해야 하니까요. 미완결이 좋지 않다고 말하는 이유
는 또 있어요. 미완결 작품은 작가에게도 굉장한 손해
를 입힌답니다. 엉? 손해? 출판도 안 하는데 왜 손해가
나느냐고요? 아무 문제없을 것 같다고요? 틀림없이 이
렇게 생각하는 분들도 있을 거예요. 하지만 그건 글을
취미로 쓰는 일반인에게나 해당되는 것이지 작가에게
는 치명적입니다. 다음과 같은 크나큰 일이 생길 수도
있거든요.

암만 해도 제자리, 필력이 문제야!

소설의 가장 기본적인 구조가 무엇일까요? 처음, 중간, 끝! 기승전결(起承轉結)! 이 대답이 바로 나온다면 독자님은 수업시간에 국어 공부를 열심히 한 훌륭한 학생입니다. 자, 그리고 다음 질문을 하겠습니다. 어떤 일을 할 때 실력이 늘려면 뭘 해야 할까요? 연습! 노력! 그렇지요. 뭐든 잘하기 위해서는 많이 해봐야 합니다. 이제 이것을 소설 쓰기에 적용해봅시다. 미완결인 작품만 쭉 쓰게 된다면? 그 작가는 기승전결 중 항상 전(轉)까지만 연습하는 꼴이 됩니다.

골도 많이 넣어본 선수가 잘 넣지요? 작가도 완결을 많이 내본 사람이 글을 잘 씁니다. 미완결작이 많은 작가들의 글을 보면 작품의 뒷심이 약한 경우가 굉장히 많아요. 본인이 끝까지 써보지 않았기 때문에 연습 부족이 드러나는 것입니다. 해결 방법은 단 하나. 작품을 쓸 때 무조건 완결을 냅시다. 목표가 있는 글은 끌고 나가기가 훨씬 쉽습니다.

축구 경기로 따지자면 골대 앞까지 가서 골을 못 넣고 근처에서 어정대는 셈이지요. 관중들이 복장 터지게 말입니다.

처음에 시놉시스를 쓸 때 끝이 어떻게 될지 확실하게 정해두세요. 중도 포기의 유혹에 빠지지 마세요!

"끄아아악! 정식 연재마저 중단이라니!"

믿었던 도끼에 발등 찍혔다. 연재 사이트를 전전하며 소설을 보는 것을 낙으로 삼던 A는 괴성을 질렀다.

"내 일상의 오아시스가! 꿀잼 내 소설 돌리도!"

인터넷에서 연재소설을 보는 것은 다 좋은데, 딱 하나 안 좋은 것이 있다.

그것은 바로 연재 중단!

작가가 여러 사정으로 인해 절필하겠다고 선언한 것이다. 평소 그녀는 읽던 글에 연재 중단 공지가 올라오면, 즐겁게 읽던 소설의 끝도 모른 채 강제 하차해야만 했다. 하지만 이 불안함도 이제 안녕! 정식 연재는 괜찮았다. 작가와 출판사가 계약하고 쓰는 것이니 완결이 보장되'었'을 터.

"이럴 순 없어! 다음 편을 내놓아라아!"

그런데 이게 웬걸. 한창 모 연재 사이트에서 정식 연재되던 로맨스 소설에 공지가 올라왔다. 전혀 걱정하지 않았던 연재 중단에 대한 사과문 공지였다!

"이 나쁜 작가야! 계약했으면, 완결 약속은 지키란 말이다!"

이제 믿을 곳이 하나도 없다. A는 흑흑 울면서 그렇게…… 정식 연재 소설에서 강제 하차 당하고 말았다.

위의 상황을 보니 뭔가 느낌이 오나요? 아마 한 번쯤 다들 겪어본 일일 거예요. 내가 즐겨 보는 소설이 연재

중단이라니! 이럴 때 느끼는 감정은 대개 세 단계로 나
타납니다.

　　● 당황 → 분노 → 포기

　이 과정을 거치면서 독자는 작가에 대한 신뢰를 잃
어버립니다. '이 작가는 글을 완결내지 못하는 작가구
나' 하는 인식이 제대로 박히는 순간! 작가는 팬을 잃
게 되지요. 반대로 완결을 꼬박꼬박 잘 내는 작가는 그
만큼 팬이 많아집니다. 왜냐하면 독자님들도 알거든
요. "이 작가의 책은 끝까지 다 소장할 수 있다"는 것을
요! 여러분도 연습하세요. 아주 적은 분량의 글이라도
처음부터 끝까지 쓰기. 완성하는 습관 들이기. 완결을
내도록 노력하기.

시작이란 언제나 끝이 있기 때
문에 빛나는 법입니다. '유종
(有終)의 미(美)'란 학교 졸업식
축사에만 쓰이는 말이 아니랍
니다!

"난 찌루찌루의 파랑새를 알아요. 난 안데르센도 알고요. 저 무지개 너머 파란 나라 있나요. 저 파란 하늘 끝에, 거기 있나요."

어렸을 때 자주 불렀던 동요 「파란 나라」를 기억하세요? 가사에 나오는 '찌루찌루의 파랑새'는 우리가 흔히 동화로 접했던 희곡 『파랑새L'Oiseau bleu』의 내용에서 따온 것이랍니다. 주인공 남매의 원래 이름은 틸틸(Tyltyl)과 미틸(Mytyl)인데 1980년대 한국에서는 발음이 달라졌지요.

『파랑새』는 벨기에의 작가 모리스 마테를링크(Maurice Maeterlinck)가 1909년에 출판한 작품입니다. 줄거리를 간단하게 요약하면, 마술할멈의 부탁을 받고 파랑새를 찾기 위해 틸틸과 미틸이 여행을 떠났는데 결국 파랑새를 찾지 못하고 집으로 돌아옵니다. 그런데 알고 보니 행복의 파랑새는 자신들이 기르던 새였습니다. "행복은 가까이에 있다"는 교훈이 담긴 이야기지요. 이 작품으로 명성을 얻은 모리스 마테를링크는 1911년에 노벨문학상을 수상했습니다. 물론 저희는 교훈을 이야기하려고 파랑새를 언급한 게 아닙니다. 요점은 가까이 있는 파랑새를 보지 못하고 틸틸과 미틸처럼 생고생을 하지 말라는 것이지요.

이야기 소재를 찾기 위해 멀리 여행을 떠나는 작가들을 우리는 흔하게 볼 수 있습니다. 사막, 아프리카, 남미의 오지 등등. 다양한 장소에 가서 많은 것을 배우고 돌아와 쓴 좋은 책을 우리는 서점에서 자주 만날 수 있어요. 하지만 그분들이 멀리 가는 이유는 새로운 작품을 구상할 때 필요한 소재가 바로 그 먼 곳에 있기 때문이랍니다. 즉 쓰고 싶은 소재가 멀리 있기 때문에 찾아가는 거예요. 그러나 신인 작가나 어린 학생 작가에게 장거리 여행은 무리입니다. 큰돈과 시간을 들여 여행을 가는 건 굉장히 힘든 일이잖아요? 고로 저희 두 작가는 이렇게 말씀드립니다. "소재를 멀리서 찾지 말고 가까이에서 찾으세요!"

"제 일상은 평범한데요? 아침에 일어나서 학교 가고, 학원 가고, 저녁 먹고, 자습실에서 공부하거나 집에서 공부하거나 아님 게임 조금 하거나 잔다…… 이래요!" 라고 외치시는 분들. 이런, 초점이 틀렸어요. 저희가 말하는 일상은 나의 하루 일정이 아니고 주변에서 일어나는 사건입니다. 예를 들어, 우리 학교 공식 미남, 미녀 선생님 둘이서 몰래 연애한 끝에 결혼에 골인했다든가, 대학생이라면 우리 과의 훈남훈녀가 서로 사귀는 것 같았는데 알고 보니 둘 다 양다리를 걸쳐서 학생회관 앞에서 대판 싸움을 벌였다든가! 그것도 아니라면 오늘 급식에 돈까스가 나올 예정이었는데 냉장고가 고장 나는 바람에 돼지고기가 상해서 점심으로 빵과 우유가 나왔다든가!

조금만 관심을 가지면 소재는 우리 주변에서 얼마든지 찾을 수 있습니다. 중요한 것은 나에게 초점을 맞추는 것이 아니라 남에게 초점을 맞추는 거예요! 나 자신에 대해서는 이미 잘 알고 있으니 더 공부할 필요가 없어요. 하지만 남에 대해서는 잘 모릅니다. 작가는 남을 알아야 하고, 다른 사람을 치밀하게 연구해야 합니다. 그래야 다양한 캐릭터를 쓸 수 있거든요.

가까운 곳에서 소재를 얻거나 실화를 기반으로 만들어서 유명해진 작품은 의외로 많습니다. 다문화 가정으로 들어서는 한국의 현재 시점을 잘 반영하고, 또 재미있게 풀어낸 청소년 소설 『완득이』, 삼성이라는 대기업의 생산직 직원이 백혈병 등 희귀병에 걸렸지만, 산업재해 처리를 해주지 않고 은폐하는 데 맞선 이야기를 바탕으로 만든 영화 「또 하나의 약속」, 스티브 잡스의 일생을 영화화한 「잡스Jobs」, 천재 대학생 다섯 명이서 만들어낸 페이스북 탄생기를 다룬 「소셜 네트워크The Social Network」 등이 있지요. 이 모두 주변에서 얻은 소재를 모티프로 만든 소설, 혹은 영화들입니다.

　여러분도 주위에서 보고 들은 것, 아주 가까이에 숨어 있는 이야기에서 소재를 얻어보는 건 어떨까요? 어쩌면 대단한 글이 나올지도 모릅니다. 행복을 가져다주는 파랑새는 늘 가까이에 있으니까요!

두 작가가 추천하는 볼 만한 영화들! 말아톤, 변호인, 국가대표, 우리 생애 최고의 순간, 부러진 화살, 모뉴먼츠맨, 하치 이야기, 행복을 찾아서, 우리는 동물원을 샀다……

4부

웹소설을
인터넷에
공개할
때

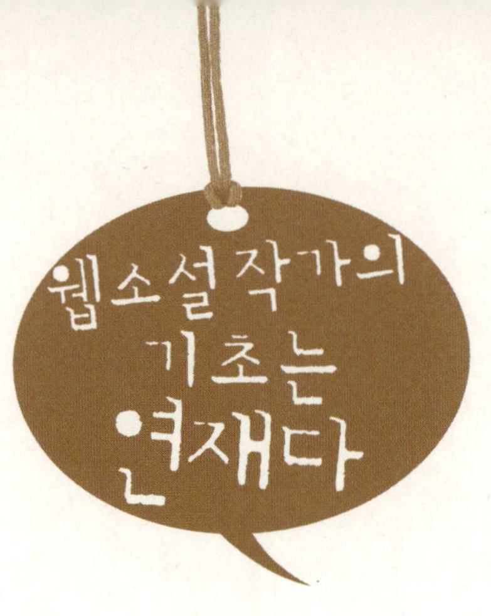

글쓰기를 너무 두려워하지 마세요. 일단 그냥 시작하세요. 되도록 분량이 많은 글을 구체적으로 끝까지 써보세요.

"작가님들은 언제, 어디에서 글을 쓰기 시작하셨어요?"

인터뷰를 할 때 빠지지 않고 나오는 질문 중 하나입니다. 저희 두 사람도 인터뷰 경험은 많지 않아요. 하지만 한두 번 정도는 이런 질문을 받아본 것 같습니다. 대답은 사람마다 다르지만 공교롭게도 저희 둘은 글쓰기를 인터넷 연재로 시작했기 때문에 대답이 비슷합니다. 시기는 조금 다르지만 학생 때, 인터넷에 있는 소설 연재 사이트에서 글을 올리면서 본격적으로 쓰기 시작했지요.

계속 연재를 하다 보니 이북 출판 제의를 받았고, "어어!" 하는 사이에…… 여기까지 와버렸네요. 지금은 연재, 출간, 연재, 출간을 무한 반복하면서 허덕허덕 거리고 있습니다. 현재 우리가 이름을 들었을 때 "아, 그분! 그 작품!" 하면서 무릎을 탁 칠 정도로 유

명한 작가님들은 거의 신춘문예와 같은 대형 공모전에
서 당선되거나, 아니면 출판사에 작품을 투고해서 출
판한 작가들이 대부분입니다. 신문이나 문학잡지와 같
은 매체에서 연재를 하신 경우도 많고요.

"웹소설 작가는 일반 작가와 다르나요?"라는 질문도
나올 수 있겠지요. 예에, 좀 다릅니다. 일단 웹소설 작
가는 저희처럼 인터넷이라는 매체를 통해 먼저 연재하
고, 그 후 이북이나 단행본을 출간합니다. 작품을 단행
본으로 출간하는 일반 작가님들과는 다르게 이북 출간
이 압도적으로 많고 작가들의 연령도 어리지요. 10대
작가들도 드물지 않답니다.

그렇다면 어떻게 해야 웹소설 작가가 될 수 있을까
요? 이번 이야기의 제목에서 알 수 있듯이 가장 먼저
해야 하는 일은 '인터넷 연재'입니다. 사실 한 번도 긴
글을 써본 적 없는 사람이 갑자기 출간이 될 만한 수
준의 글을 쓴다는 것은 쉬운 일이 아닙니다. 그래서 인
터넷 연재로 연습을 해보는 것이지요. 출판사 입장에
서도 연재된 글을 보면 신인 작가의 역량을 판단하기
가 훨씬 수월합니다. 최근에는 연재작을 검토한 후 출
간 제의를 하는 경우가 많습니다.

다음 질문은 분명 "그럼, 어디에서 어떻게 연재를 시
작하면 되나요?"가 되겠지요. 한국은 인터넷이 워낙

잘 보급되어 있는 나라이므로 검색만 해도 이름난 연재 사이트 목록이 좌르륵 나옵니다. 하지만 각 사이트마다 특징이 다르고, 이용자 수도 천차만별이어서 초보자가 문을 두드리기에는 어려운 점이 많지요. 그래서, 저희가 나름대로 정리해보았답니다. 모두 가입이 어렵지 않고, 연재란을 만들기도 쉬운 곳들이에요. 웹소설 연재 작가라면 분명 가입되어 있을 법한 연재 장소와 각 사이트만의 특징을 알려드릴게요.

조●아라(http://www.joara.com)

판타지 소설이 많이 연재되는 사이트입니다. 만들어진 지 오래되서 가입자 수도 많고 활동하는 작가님도 많아요. 사이트 전용 앱이 있어서 독자님들이 스마트폰과 같은 기기로 쉽게 소설을 볼 수 있기 때문에 선호

하는 편이지요. 저희 두 사람도 이곳에서 연재를 시작
했습니다. 무료 연재, 유료 연재란이 나누어져 있고 가
입하면 바로 무료 연재란을 만들 수 있어요. 워낙 많은
작품이 연재되므로 장르 출판사에서 자주 모니터링
하는 곳 중 하나입니다. 실제로 이곳에서 작품을 연재
하다가 출간 제의를 받은 작가님도 많습니다. 게임 판
타지 소설 『달빛 조각사』도 이곳에서 연재되었지요.

네이버 웹소설(http://novel.naver.com)

포털사이트 네이버에서 제공하는 소설 연재란입니
다. 2013년에 만들어졌는데요, 네이버 아이디만 있으
면 누구나 연재할 수 있기 때문에 이용하는 독자님도
작가님도 아주 많습니다. 이곳의 가장 큰 장점은 '챌린

지리그'에서 반응이 좋은 작품은 네이버 웹소설 정식 연재란으로 승급이 가능하다는 것입니다. 뚜렷한 작가 데뷔 경로를 제시하는 곳 중 하나이지요.

문피아(http://www.munpia.com)

무협 작가로 유명한 금강 작가님이 운영하시는 소설 연재 사이트입니다. 원래 'Go! 무림'이라는 무협 소설 연재 사이트가 시초이므로 당연히 무협 소설을 연재하는 작가님들이 많습니다. 이 사이트도 가입만 하면 무료 연재가 가능합니다. 물론 유료 연재란도 있습니다. 다만 무협이라는 장르의 특성 탓에 이용하는 독자님들이나 활동하는 작가님들의 연령대가 조금 높은 편입니다.

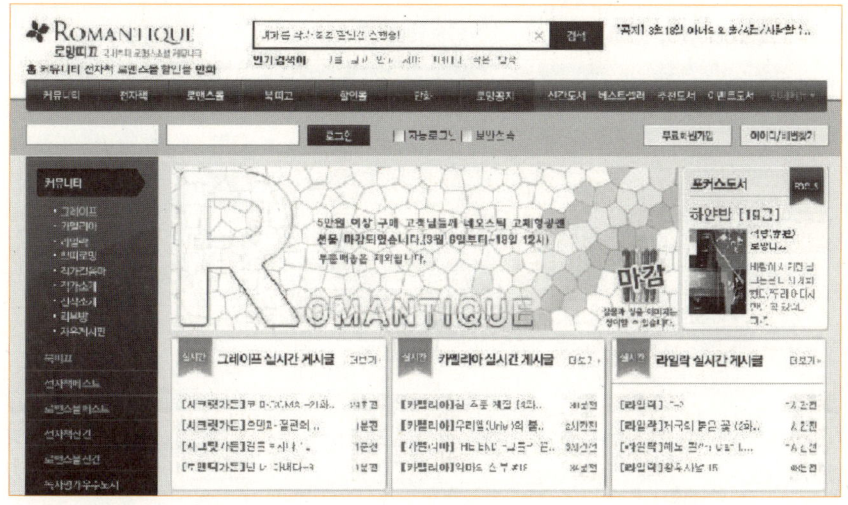

로**망**띠끄(http://new.toto-romance.com)

　　로맨스 소설 연재 전문 사이트입니다. 드라마로 만들어진 소설 『해를 품은 달』이 출간 전 연재되었던 곳으로, 명실공히 로맨스 소설 연재 사이트 중 가장 유명한 곳이기도 합니다. 로맨스 소설 연재만 가능한 곳이기 때문에 독자님이나 작가님이나 대부분 여성입니다. 출간이나 작품 활동 여부에 따라 연재할 수 있는 방이 제한되어 있고 연재하는 글에 대한 규칙도 다른 연재 사이트보다 까다로운 편입니다. 고로 처음 가입하는 작가들은 사이트 내부 규정을 잘 숙지해야 합니다. 하지만 로맨스 소설을 오래 보신 독자님들께서 주옥같은 조언을 아끼지 않으므로 열심히 연재하면 많은 것을 배울 수 있습니다.

피우리넷(http://piuri.net)

전자책 유통업체인 피우리에서 운영하는 소설 연재 사이트입니다. 로망띠끄처럼 주로 로맨스 소설을 연재하는 분들이 많습니다. 이곳도 가입과 무료 연재는 다른 사이트들과 똑같이 쉬운 편이지만 가입자의 활동 여부에 따라서 점수를 매기고, 그 점수에 따라 연재할 수 있는 방이 달라집니다. 또한 독자님들도 작품을 보기 위해서는 정해진 활동 점수를 사용해야 각 방의 작품들을 감상할 수 있답니다. 댓글이나 연재하는 작품의 편수 등으로 활동 점수가 책정되기 때문에 이용자들의 활동이 활발한 편입니다. 연재를 하면 웬만한 독자님들은 댓글을 달아주신다는 뜻이지요.

마 음 을 낚 는 이 야 기 꾼
웹 소 설 작 가 되 기

신영미디어(http://www.sybook.co.kr)

출판사 신영미디어에서 운영하는 사이트입니다. 로맨스 소설이 주력인 곳이어서 특이하게도 출판사 공식 사이트 안에 연재란이 마련되어 있습니다. 연재와 작품 감상을 하려면 회원으로 가입해야 하고, 작가의 종이책 출간 종수에 따라 연재할 수 있는 방도 정해져 있답니다. 출간 경험이 없는 작가는 '끌리는 레시피'라는 이름의 연재란에서부터 시작합니다. 단계가 높아질수록 경험이 더 많은 작가님들이 계신답니다. 출판사에서 운영하는 사이트라 그런지 편집부가 항상 연재란을 체크하고 있어요. 로맨스 소설 출간을 목표로 한다면 이곳에서 시작해봐도 좋겠지요.

이 외에도 전자책 유통업체인 북큐브에서 운영하

는 스토리큐브(http://www.bookcube.com/storycube), 로맨스 스토리(http://www.bookcube.com/romance) 등의 사이트와 조아라·문피아와 비슷한 느낌의 사과박스(http://www.sagabox.com)가 있지만 사이트가 만들어진 기간이 짧기 때문에 이용자 수는 먼저 언급한 연재 장소들보다 적습니다.

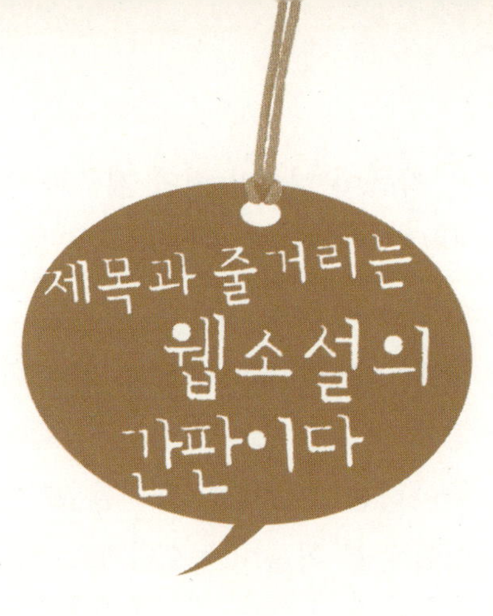

여러분도 즐겨 보는 웹툰이 있지요? 아예 만화를 보지 않는다면 모를까, 대다수 사람들이 웹툰을 즐길 거라고 생각합니다. 적어도 한 작품 이상 말이지요. 저희 둘도 웹툰을 즐겨 봅니다. 좋아하는 작품은 날짜를 챙겨서 맞춰 보고 마감이 끝나면 한 작품을 골라서 1화부터 막 업데이트된 마지막 화까지 '정주행'을 하기도 해요.

예전에는 신작이 나오면 프롤로그부터 찬찬히 살펴본 다음 계속 볼지 아닐지 결정했답니다. 작품의 수가 지금보다 적었고 웹툰을 연재하는 사이트도 몇 개 되지 않았으니까요. 그런데 웹툰 시장이 커지면서 정식으로 연재되는 작품의 수도 비약적으로 증가했고, 웹툰을 연재하는 사이트도 늘어났습니다. 게다가 학생일 때와는 다르게 요즘은 일을 하다 보니……. 아무래도 시간적인 여유가 많지 않아요. 그래서 최근에는 새로

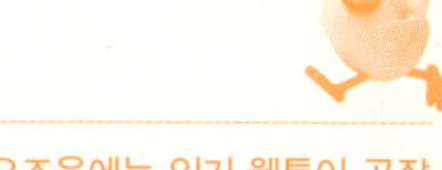

요즈음에는 인기 웹툰이 곧잘 영화화되기도 합니다.

운 작품이 나오면 일단 제목과 섬네일(웹툰 제목 옆에 있는 작은 크기의 견본 이미지)을 먼저 보고 볼지, 안 볼지를 결정한답니다. 물론 제목과 섬네일로 그 작품의 전체 내용을 다 알 수 있는 건 아닙니다. 하지만 대략 본인의 취향에 맞는 작품인지 아닌지 정도는 구분할 수 있지요. 좋아하는 그림체에, 흥미를 끄는 제목이라면 더욱 재미있게 볼 확률이 높으니까요.

소설에도 웹툰의 섬네일과 같은 역할을 하는 것이 있습니다. 바로 작품 제목과 줄거리 요약입니다. 하루에도 신작으로 올라오는 소설이 수백 작품이므로 독자님들은 제목과 줄거리 요약을 보고 그 연재 작품을 읽을지, 안 읽을지 판단합니다. 줄거리가 아예 없으면 안 보는 분들도 많아요. 어떤 내용인지 알 수가 없으니까요.

영화의 예고편을 보고 상영을 기다리듯 웹소설 독자들은 줄거리 미리보기를 통해 구독을 결정합니다.

보통 독자님들이 소설 한 작품의 제목과 줄거리를 훑어보는 시간은 그리 길지 않습니다. 기껏해야 2초? 그 짧은 찰나의 순간에 선택을 받으려면 당연히 다른 작품들과는 다른 느낌을 주어야 합니다. 생각나는 대로 아무렇게나 제목과 줄거리를 적으면 조회수 '0'의 슬픔을 맛보게 되는 수가 있어요! 아무도 그 작품을 안 보는 거죠. 그러니까 작품을 연재하기 전에 최대한 제목 선정과 줄거리 요약에 신경을 쓰세요.

하지만 문제는 이 같은 일이 생각보다 쉽지 않다는

것……. 솔직히 말하자면 정식 계약을 하는 프로 작가들도 어려워하는 경우가 많습니다. 물론 저희 두 사람도 작품을 쓸 때마다 매번 머리를 쥐어뜯으며 고민해요. 시놉시스는 통과되었는데 제목과 줄거리 요약은 퇴짜를 맞아서 몇 번씩 고친 적도 많습니다. 그래도 "서당 개 3년이면 풍월을 읊는다"라는 속담이 괜히 있는 건 아닌가 봐요. 요즘에는 몇 가지 요령이 생겨서 예전보다 실력이 나아진 듯합니다. 만약 제목 선정과 줄거리 요약에 어려움을 느낀 적이 있다면 다음 내용을 참고하시기 바랍니다. 먼저 제목 정하기를 살펴볼까요?

마음에 꼭 드는 제목 정하기

작품 속에 답이 있느니!

유명한 작품들 가운데에는 주인공의 이름이 작품 제목으로 쓰인 경우가 굉장히 많습니다. 소설에서는 주인공의 이름이 가장 자주 나오고 많이 부각되기 때문에 주인공 이름이 특이하거나 기억에 남는 단어라면 그것을 제목으로 정하는 것도 한 가지 방법입니다.

또 중요하게 생각하는 대사나 주제를 나타내는 단어를 제목으로 사용할 수도 있습니다. 예를 들어 투병 일기를 엮어서 낸 에세이 『1리터의 눈물』은 거의 마지막 부분에 나오는 "내가 이렇게 웃기까지 1리터의 눈물을 흘렸습니다"라는 문장에서 제목을 따온 것이지요. 저

『은교』, 『장 발장Jean Valjean』, 『몬테크리스토 백작 Le Comte de Monte—Cristo』, 『로미오와 줄리엣Romeo and Juliet』 등등

희 둘이 아주 좋아하는 만화 「3월의 라이온」은 영어 속담 "March comes in like a lion"에서 제목을 따온 것입니다. 이 속담의 뜻은 "고생 끝에 낙이 온다"라는 의미인데요, 작품의 주인공이 시련을 통해 성장하는 이야기를 담고 있어서 좋은 느낌을 줍니다. 이처럼 제목의 아이디어는 대개 작품 속에서 얻을 수 있답니다. 그러니 잘 찾아보세요!

비슷하면 헷갈려요!

먼저 출간된 작품이나 현재 연재 중인 작품과 같은 제목을 사용하는 것은 최대한 피해가야 합니다. 예를 들어볼게요. 정작가가 인터넷에 '기화, 왕의 기생들'이라는 제목으로 작품을 연재하고 있는데 누군가 다른 사람이 '기화, 왕의 여자들'이란 제목으로 연재한다면 독자님들이 헷갈릴 수도 있어요. 하루에도 수십 편의 작품이 올라오는 인터넷 연재에서는 눈에 띄지 않아 묻힐 가능성도 굉장히 높고요.

영원한 동반자 '사전' 활용하기

아무리 생각해도 좋은 제목이 안 나올 경우에는 사전을 뒤져서 단어를 찾아보세요. 국어사전뿐 아니라 고사성어 사전, 우리말 사전 등, 참고할 수 있는 사전은 무척 많습니다. 요즘에는 굳이 큰돈을 들여 사전을 구입하지 않아도 인터넷으로 손쉽게 검색할 수 있어서 잘 활용하면 근사한 제목들을 수확할 수 있답니다.

긴가민가하다면 다수결로!

이 방법은 출판사에서도 곧잘 사용하는 것입니다. 몇 가지 좋은 후보가 있을 경우, "마음에 든다, 괜찮다"는 의견이 가장 많은 것을 제목으로 정하는 것이지요. 인터넷 연재 작품은 불특정 다수의 여러 사람이 보는 것이기 때문에 작가 자신의 의견뿐만이 아닌 타인의 의견을 들어보는 일도 매우 중요합니다. 주변의 지인들이 좋다고 말하는 제목이 연재 때에도 주목 받을 확률이 높답니다.

제목을 정했으니 이제 줄거리 잡는 요령을 알아볼 차례이군요! 사실 줄거리 요약하기가 제목을 선정하는 일보다 좀 더 까다롭습니다. 일단 글자 수 제한이 없는 제목과는 달리 줄거리 요약은 글자 수 제한이 있는 사이트가 있거든요. 또한 시놉시스가 완결까지 다 나오지 않은 상태에서 연재를 시작할 경우에는 어디까지 작품 내용을 써야 할지 결정하는 것도 애매하지요. 역시 가장 좋은 방법은 최대한 여러 번, 많이 줄거리 요약글을 써보는 것입니다. 다음 내용을 참고해서 연습을 많이 해보기 바랍니다.

호기심을 유발하는 줄거리 요약하기

로맨스, 추리, 아니면 판타지?

사람에게는 저마다 자신이 좋아하는 장르와 관심이 별로 가지 않는 장르, 그리고 싫어하는 장르가 있게 마련입니다. 여러 가지 장르가 섞인 퓨전 장르 소설이 아니라면 줄거리를 요약할 때 작품의 장르를 확실하게 드러내주는 것이 좋아요!

요약에 꽈배기는 금물!

보통 사람들은 복잡하게 꼬인 것보다 한눈에 딱 들어오는 간명한 것을 좋아합니다. 이해하기 훨씬 쉬우니까요. 쓰고자 하는 작품의 줄거리를 요약하는 일도 이와 같습니다. 짧은 시간 동안 읽었을 때 독자가 바로 이해하고 흥미를 느낄 수 있도록 간단하고 명료하게 써야 합니다.

전문가의 글을 보자!

출간 경험이 있는 작가들이 작품을 연재할 때 어떻게 줄거리를 요약하는지, 어떤 식으로 글을 쓰는지 많이 읽어보세요. 또 단행본으로 출판된 작품의 줄거리 요약글은 어떻게 쓰였는지 부지런히 찾아보세요. 특히 단행본으로 출판된 작품은 출판사의 편집부나 마케팅부의 전문가가 요약글을 쓰는 경우가 많기 때문에 문장이 깔끔하고 글의 구조도 단단해서 초보자에게 도

움이 많이 됩니다. 좋은 예를 자주 보고, 그것들을 따
라 쓰면서 연습을 하다 보면 실력이 향상될 것입니다.

줄거리 요약글 읽어보기 1

정연주 작가 「캔버스 위의 당신」

천재 화가인 이정수는 어느 날 불현듯 한국으로 돌아온다. 그가 싫어
하는 비가 내리던 날, 울음소리에 이끌려 담벼락 아래에 있는 가출 여
고생 신지혜와 만나게 된다. 이정수는 신지혜에게 관심을 가지게 되는
데…… 유리처럼 투명하고 깨질 것만 같은 세계 속에서 살아가는 남자
이정수. 그리고 그의 세계에 불현듯 들어오게 된 가출 여고생 신지혜. 두
사람이 만들어내는 한 폭의 그림 같은 이야기.

줄거리 요약글 읽어보기 1

양효진 작가 「헤스키츠 제국 아카데미」

대륙 최고의 명문 학교 헤스키츠 제국 아카데미. 훌륭한 교수진, 넓
고 아름다운 교정, 완벽한 교육 커리큘럼까지. 그야말로 학부모가 바
라는 환상의 이상향이다! 그러나 세상에 공짜는 없다고…… 이 아카
데미, 학비도 대륙 최고라 재학생은 방학마다 날아오는 고지서가 두
렵다. 여기에 두려움에 떠는 학생 중 한 명이 있으니 그녀의 이름은 아
란 지. 부모님은 식당 운영, 오빠는 말단 공무원. 어디에서나 볼 수 있

는 평범하고 착한 여자아이. 그런 아란이 노리는 것은 전액 장학금!
하지만 전액 장학금을 받을 수 있는 건 수석뿐인데…….

"어떻게 그런 점수가 나오지?"

"500점 넘기는 것도 죽을 둥 살 둥 해야 하는데."

"괴물이잖아. 천재고."

"그렇지."

"2등은 또 그 같은 반의 여자애더라."

"그, 특이한 이름? 뭐였지?"

"아란 지. 참 웃긴 게 분명히 높은 성적이거든. 그런데 1등이 너무 대단
하니 눈에 띄지가 않아."

"그 머리를 어떻게 당해? 히렌은 그냥 혼자서 툭 튀어나와 있다고. 게다
가 20년 동안 깨지지 않던 성적을 깼단 말이지."

결과는 항상 똑같다. 7년 내내 수석 노리면 뭐하나. 집안 빵빵, 인기 빵
빵한 그 녀석이 자리에서 안 비키는데.

만년 수석 카이츠 아일 히렌! 그리고 히렌 타도를 외치는 만년 차석 아
란! 그러나 히렌은 아란과 조금 다른 감정을 가지고 있는데…….

우리는 학업도 사랑도 놓칠 수 없어! 처절한(?) 수험 스케줄 속에서 상
큼하게 피어나는 로맨스! 어디에서도 볼 수 없었던 새콤달콤한 입시 연애
기가 찾아온다!

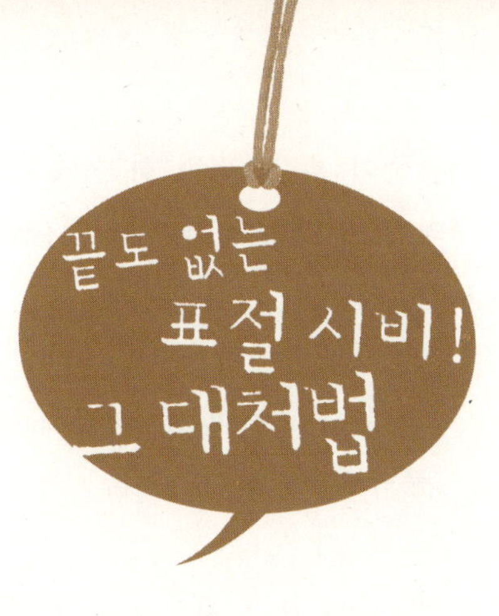

표절만큼 예민한 것도, 표절만큼 기준이 애매한 것도 없어요. 하지만 표절은 누가 뭐래도 남의 것을 가로채는 일임을 명심하세요!

"이건 참 표절이라고 보기엔 애매하네."

"그러게."

위의 대화는 2013년 여름, 밖에서 차를 마시고 있던 저희 둘이 인터넷 기사를 보다가 한 말입니다. 당시 시청률이 좋던 드라마에 표절 논란이 제기된 적이 있었는데요, 기사는 그와 관련된 이야기였어요. 결국 드라마는 무사히 끝이 났고, 표절이 아니라는 것으로 결론지어졌지만 당시에는 어떻게 될지 정말 조마조마했답니다. 드라마가 재미있어서 양작가는 '본방 사수' 중이었거든요. 솔직히 고백하자면 그것 보느라고 연재 원고를 몇 번 펑크낼 뻔했어요. 겨우겨우, 아슬아슬하게 맞췄지만요.

'표절(剽竊)'이라는 말은 생각보다 우리 주위에서 흔하게 볼 수 있습니다. 그런데 의미를 정확하게 알고 있는 사람은 생각보다 드뭅니다. 막상 표절 논란이 터지면 사람들이 혼란스러워 하는 것도 그런 탓이겠지요. 누구의 말이 맞는 건지 다들 헷갈립니다. 여러분, 표절의 사전적 의미는 이렇습니다.

● 표절 : [명사] 시나 글, 노래 따위를 지을 때에 남의 작품의 일부를 몰래 따다 씀

옛날에는 표절 자체를 크게 문제 삼지 않았습니다. 저작권(저작자가 그 자신이 창작한 저작물에 대해서 갖는 권리)에 대한 개념이 거의 없었던 탓이지요. 지금처럼 매체가 발달하지 않았기 때문에 잘 알려지지 않은 해외 작품 같은 경우에는 표절해도 잘 몰랐어요. 해당 분야 전문가가 아니고서는 베꼈다는 사실조차 알 수 없었습니다.

하지만 인터넷이 발달하고 정보의 수집이 쉬워지면서 요즘은 표절이나 비슷한 작품을 찾아내는 일이 훨씬 쉬워졌습니다. 덕분에 시비(是非)와 논란도 끊이지 않지요. 예를 들어, A작품의 독자와 B작품의 독자가 서로 글이 비슷한 것 같다고 댓글을 달았습니다. A작품의 작가인 A와 B작품의 작가인 B는 서둘러 상대방의 작품을 확인합니다. 그러고는 내용이 흡사하다는 사실을 알게 되고, 급기야 서로 자신이 원조라고 싸움을 시작합니다. 지켜보던 독자들 사이에도 싸움이 붙습니다. 양쪽 다 상대방이 표절이라며 난리입니다. 어떻게 해결해야 될까요?

● 누가 먼저 연재란에 작품을 올렸는지 짚어보자!

대개의 경우, 나중에 글을 올린 사람이 의식적으로든, 무의식
적으로든 따라 썼을 가능성이 높습니다.

● 얼마만큼 똑같은지 비교하라!

대사나 문단, 그리고 그 작품만의 고유 설정을 그대로 사용했
을 경우에는 명백한 표절입니다.

● 문제점을 확인한 후 해결하라!

가장 원만한 방법은 논란이 된 부분을 수정하는 것입니다.
대사나 용어 등은 수정이 어렵지 않으므로 나중에 쓴 작가
가 작품을 고치는 것으로 깔끔하게 해결할 수 있어요. 문제
는 설정이나 스토리의 흐름이 비슷할 경우입니다. 이런 경우
에는 두 작가가 작품을 구상할 때 어디에서 소재를 얻었는
지, 어떻게 이야기 내용을 짰는지 그 과정을 명확하게 밝히
면 된답니다.

인터넷으로 소설을 연재하는 경우, 유행하는 소재를
여러 사람이 사용하는 경우가 많기 때문에 본의 아니
게 표절 시비에 휘말릴 수가 있어요. 본인이나 주변 사
람이 이런 일을 겪게 되었을 때 위의 내용을 꼭 참고하
기 바랍니다.

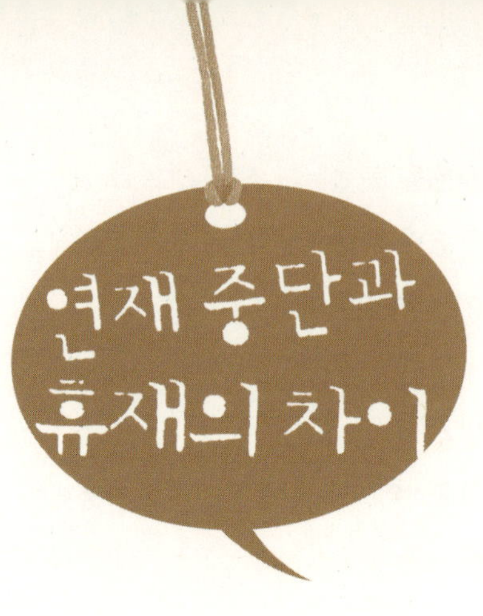

"아직 덜 끝났어?"

"어, 외전도 써야 하고 2권 작업도 반 정도……."

"이젠 한계다. 할 수 없네."

"공지 올릴게."

2013년의 막바지에 저희 둘은 크나큰 시련을 만났습니다. 당시 정작가는 『기화, 왕의 기생들』 출간 작업 때문에 몹시 바빴습니다. 얼마나 바빴냐면 출판사에서 먹고 자고, 그것으로도 부족해 편집자님까지 전부 다 같이 밤을 샐 정도였지요. 문제는 그때 저희 둘이 『차아제국 열애사』라는 공동저작 작품을 연재 중이었다는 것이었어요. 무료 연재였기 때문에 연재 분량과 연재 횟수를 맘대로 정해도 상관없어서 주 1회, 한 챕터씩 올리는 중이었습니다. 평소 같았으면 주 1회 연재를 쉰다는 건 생각조차 할 수 없는 일이었지만 미리 비축해 둔 원고도 바닥이 났고 메인 집필 작가는 출판사에 통조림 상태, 서브 집필 작가는 감기로 앓아누운 환자인 상태. 할 수 없이 저희는 눈물을 머금고 한 주 펑크를 냈습니다.

이렇듯 연재를 하다 보면 작가의 스케줄이나 몸 상태에 따라서 원고를 제때 마감하지 못하는 경우가 생깁니다. 그러면 올릴 글이 없기 때문에 쉴 수밖에 없지요. 이렇게 쉬는 것을 '휴재(休載)'라고 합니다. 말 그대로 피치 못할 사정으로 연재를 쉬는 것이지요. 하지만 쉬는 기간은 길지 않습니다. 중병이 아닌 이상 감기는 보통 일주일에서 열흘 정도면 다 낫고, 책 출간도 원고가 나와 있는 상태라면 길어도 한 달에서 두 달 안에 끝나거든요. 작품을 읽는 독자님들에게는 참 다행스러운 사실이지요.

그러나 연재 중단은 다릅니다. 연재 중단은 연재를 하다가 도저히 더 쓸 수가 없어 아예 집필을 포기한 것이니까요. 휴재와 연재 중단 둘 다 새 연재편이 나오지 않는 상황은 같아 보입니다. 하지만 작가의 감정 상태는 완전히 다르지요. 휴재는 쓰고 싶어 죽을 것 같은데 상황이나 몸이 안 따라줘서 못 쓰는 것이고, 연재 중단은 쓰기도 싫고, 작품에 손을 댈 수도 없는 상황이라 어쩔 수 없이 택한 방법이거든요. 그래서 작가들은 보통 이야기의 흐름이 본인이 생각했던 것과 다르게 산으로 갔을 경우에 연재를 중단합니다.

"몸이 아파서 도저히 글을 못 쓰겠어요! 독자님들, 죄송해요, 이틀만 쉴게요……."
– 휴재
"멘붕, 멘붕! 당분간 여러분을 만나지 못할 것 같아요."
– 연재 중단

독자에게나 작가에게나 더 나쁜 건 역시 연재 중단입니다. 독자님들은 잘 보던 작품의 완결을 영원히 볼 수 없게 되고, 작가도 한 작품을 마무리 짓지 못하고 포기한 것이니까요. 그래서 정식으로 계약서를 쓰는 작가들은 어지간하면 연재 중단은 하지 않으려고 부단히 노력합니다. 저희 둘도 시놉시스를 도중에 갈아엎는 한이 있더라도 연재 중단이라는 최악의 카드만큼은 뽑지 않기 위해 애를 쓰지요.

하지만 이것은 프로 작가들에게 해당되는 경우이고, 작가가 학생이라든지 취미로 글을 쓰는 사람이라면 이야기가 달라집니다. 모두에게는 자신만의 우선순위가 있으니까요. 건강, 학업, 일, 자녀교육…… 등등 우선순위가 같은 사람도 있겠지만 보통은 다르지요. 직업이 작가가 아니라면 때에 따라서는 휴재가 아닌 연재 중단을 선택하는 것이 본인에게 더 이로울 수도 있습니다. 만약 글을 쓰는 이가 학생이라면 그 사람의 우선순위는 글보다는 학업과 건강이겠지요. 그것보다 더 중요한 건 없잖아요?

영화관에서 앞좌석 발로 차지 않기, 공공장소에서 떠들지 않기, 화장실에서 새치기 하지 않기 등등. 세상에는 하면 안 된다고 정해져 있는 규칙들이 많습니다. 법으로 정해진 것도 있고 아닌 것도 있지만, 대부분의 사람들은 남에게 피해를 주지 않기 위해서 이러한 규칙들을 잘 지킵니다. 하지만 모든 사람이 다 규칙을 지키면서 살지는 않습니다. 살다 보면 "뭐, 저런 사람이 다 있나"라는 한탄이 터져나올 만큼 민폐쟁이인 이들도 심심찮게 만나니까요.

웹소설 연재도 똑같습니다. 독자나 다른 작가들이 싫어하는 행동이 있고 또한 그 때문에 문제가 생겨 다툼이 생기는 경우도 드물지 않아요. 고로 이번에는 웹소설을 연재할 때 하지 말아야 할 행동에 대해 알려드리겠습니다.

말은 거창하지만 사실 우리가 알고 있는 기본적인 예의와 규칙들을 몇 가지 고른 것뿐이에요!

무분별한 공지 남발은 No!

연재를 하다 보면 공지를 올려야 할 때가 있습니다. 가장 대표적인 건 휴재 공지이지요. 작가가 학생일 경우 시험기간에는 대부분 휴재를 하기 때문에 해마다 연재 사이트에서 특정 시기가 되면 휴재 공지가 연이어 올라오는 모습을 심심찮게 볼 수 있습니다. 또한 출간을 하게 되었다거나 작품을 다른 연재란으로 옮기게 되었을 경우에도 공지를 하게 됩니다.

하지만 이러한 공지를 남발할 경우, 반드시 문제가 생깁니다. 예를 들어 소설 연재를 하고 있던 A작가가 수요일에 몸이 아파 쉰다는 공지를 올리고, 목요일에는 일이 너무 많아 마감을 못 했다는 공지를 올리고, 금요일에는 불타는 주말이라서 놀러가느라 연재를 못 한다고 연달아 세 번의 공지를 올렸다고 합시다. 대부분의 독자님들은 상당히 불쾌감을 느낄 거예요. 새로운 연재를 기다렸는데 자꾸 공지만 올라오니까요.

게다가 대부분의 무료 연재 사이트를 이용하는 작가들은 작품을 올려야 하는 곳에 공지를 올립니다. 공지게시판이 따로 있어도 앱에서 안 보이거나 독자님들이 공지게시판에 들어가지 않는다는 이유 때문이지요. 당연히 새 연재인 줄 알고 들어왔던 독자님들은 공지가 또 뜬 것을 보고 가짜 미끼에 낚인 물고기가 된 심정으로 방을 나가게 됩니다. 마지막에는 짜증을 낼 거고요. 그런데…… 독자님들의 짜증은 그대로 작가에게 고스란히 돌아가지요. 여러분, 공지를 올릴 때는 꼭 세 번 이상 고민한 후 올리세요. 사정이 생겨 연재를 쉬어야 한다면 휴재 기간을 넉넉하게 잡는 편이 좋습니다. 또한 연재란과 공지란이 분리되어 있는 사이트에서는 어지간하면 정해진 곳에 공지를 올리는 편이 좋습니다. 부득이하게 연재란에 공지를 올릴 경우에는 꼭 독자님들에게 양해를 먼저 구하셔야 해요.

음란마귀에 사로잡히지 마라!

위의 제목을 보고 가슴이 뜨끔하신 독자님이라면 이 부분을 집중해서 보셔야 합니다. 무슨 뜻이냐 하면 바로 '19금 소설 연재'를 전 연령대가 볼 수 있는 일반 연재란에서 하면 안 된다는 것입니다. "에이, 그걸 누가 몰라요?"라고 말하는 분들도 틀림없이 있을 거예요. 사실 굳이 말하지 않아도 다들 하면 안 되는 행동이라는 것을 알고 있습니다. 그런데 알기만 할 뿐, 잘 지키지는 않아요. 또한 어느 정도 선까지 허용되는지 애매해서 일단 그냥 연재를 해버리는 경우도 많습니다. "19세 미만 구독 불가인 글은 이러이러한 경우에 해당된다"라는 확실하게 조항이 법으로 정해져 있는 게 아니거든요.

실제로 일을 하고 있는 작가들도 일반 구독과 19세

미만 구독 불가인 글을 딱 정의하라고 하면 다들 난색을 표합니다. 그래서 대부분은 그 작품을 출판하는 출판사의 내부 규정에 따르지요. 엄격한 곳도 있고 엄격하지 않은 곳도 있습니다. 하지만 최근 들어 흔히 '아청법'이라 부르는 아동·청소년의 성보호에 관한 법률이 사회적으로 크게 이슈가 되었기 때문에 거의 모든 출판사에서는 내부 규정을 바꾸어서 "조금이라도 문제가 될 만한 장면이 한 번이라도 나온다면 작품 전체를 19세 미만 구독 불가로 지정한다"는 방향으로 가고 있습니다. 연재에서도 똑같이 적용됩니다.

조금 딱딱하긴 하지만, 우리는 프로니까, 잠시 법 공부를 하고 넘어가겠습니다.

정보통신망 이용촉진 및 정보보호 등에 관한 법률

— **제44조의 7** (불법정보의 유통금지 등)

① 누구든지 정보통신망을 통하여 다음 각 호의 어느 하나에 해당하는 정보를 유통하여서는 아니 된다.

1. 음란한 부호·문언·음향·화상 또는 영상을 배포·판매·임대하거나 공공연하게 전시하는 내용의 정보

— **제74조** (벌칙)

① 다음 각 호의 어느 하나에 해당하는 자는 1년 이하의 징역 또는 1천만 원 이하의 벌금에 처한다.

이제 위의 법 조항을 풀어볼게요. 19금 소설은 '문언'
에 해당되고 무료 연재글은 '공공연하게 전시' 바로 이
문구에 해당됩니다. 즉, 저 법률을 간단하게 쉬운 말로
바꾸면 "19금 내용이 들어간 영상·소설·노래 등을 마
구 뿌리거나 팔거나 빌려주거나 올리면 안 된다!"는 것
입니다. 어기면 벌금을 많이 내거나 아니면 감옥에 가
야 합니다. 비공개 사이트라고 해도, '서로이웃' 전용 블
로그라고 해도 예외는 없습니다. 만약 법을 어긴 사람
이 미성년자라고 해도 벌을 받습니다. 그러니 일반 연
재란에 19금 소설을 올리는 일만은 절대, 절대! 해서는
안 됩니다.

대부분의 연재 사이트는 19세 미만이 들어올 수 없
는 성인 전용 연재란을 마련하거나 아니면 연재 작품
자체에 구독 연령 제한을 걸 수 있는 기능을 만들어놓
았어요. 스토리상 어쩔 수 없이 전 연령대가 보기에는
무리인 장면이 나온다면 처음부터 성인 전용 연재란을
이용하거나 구독 연령에 제한을 두면 됩니다. 그럼 아
무 문제도 생기지 않아요!

필독!! 미성년자 작가인 경우
에는 19금 소설 연재·출판,
그리고 위에 써놓은 기능 이
용이 아예 불가능해요. 모든
일에는 다 때가 있는 법이니
성인이 될 때까지 기다리세
요. 시간은 생각보다 빠르게
흘러가고, 어른이 되는 순간
은 금방 찾아오니까요.

작가부심을 조심하라!

'작가부심'이라는 말이 있습니다. 정확히는 작가 자부심이라는 단어를 줄인 말인데요. 어떨 때 이런 말을 쓰는지 유심히 살펴보니 보통 글을 쓰는 작가가 독자님들에게 무리한 걸 요구하거나, 납득하기 힘든 행동을 했을 경우에 사용하더라고요.

흐음, 나는 인기 작가니까 이 정도 서비스쯤 받아도 되는 거 아니겠어?

예를 들자면, A작가가 후기에 추천수가 300 이상이어야 다음 편을 올린다고 써놓는다든지, 댓글이 100개 이상이면 올리는 날을 하루 당기거나 더 많은 내용을 올린다고 한다든지, 개인 출판을 하려는데 표지 그림을 공짜로 그려달라고 한다든지……. 대개 이런 경우에 "A작가는 작가부심이 있다"라고 말합니다. 자부심이라는 말의 본래 뜻과는 다르게 부정적인 의미로 사용된 것이지요. 단, 위에서 댓글과 추천수를 받는 대신 작가가 연참(한 번에 여러 편을 올리는 행위)하는 것은 다르게 봅니다. 이런 경우는 이벤트성이 강하므로 요구가 아니라 상호 도움이 되는 약속으로 본답니다.

작가마다 성격이 다르고 독자님들도 나이·성별·성격이 제각각이기 때문에 당연히 부딪칠 때도 있고 의견이 맞지 않을 때도 많습니다. 또 작가가 생각한 바와 독자가 생각한 것이 아예 다를 수도 있고요. 하지만 앞에서 지적한 행동들은 예의가 아니지요. 애당초 소설을 보러 오는 독자는 그 작품에 대한 애정과 관심이 있기 때문에 소중한 자신의 시간을 쓰는 게 아닐까요? 몸소 찾아와 읽는다는 것 하나만으로도 충분히 좋아한다는 의사 표현을 하고 있는 셈입니다. 물론 추천수가 높아지고 댓글이 많이 달리면 작가는 기분이 좋아서 집필할 때 추진력을 얻습니다. 저희는 흔히 "손에 날개가 달렸다"고 표현하지요.

하지만 수많은 댓글과 추천수, 그리고 멋진 팬아트는 연재할 때 예기치 못하게 튀어나오는 깜짝 선물과 같은 것입니다. 독자가 작가에게 당연히 줘야 하는 것은 아니지요. 물론 서평이나 좋은 댓글, 팬아트를 주신 독자님에게 출판한 책이나 미공개 외전 파일을 보내드리는 이벤트 정도라면 괜찮습니다. 자발적으로 참여하는 것이고, 다들 원하는 대가를 받아가니까요. 그러나 이런 경우가 아니라면 작가가 독자님에게서 받을 수 있는 건 오직 작품에 대한 애정과 관심밖에 없습니다.

연재를 하고 있는 작가가 가장 조심해야 할 게 한 가지 더 있어요. 바로 다른 작품에 대한 평가입니다. 작가들은 대부분 자신의 글에 대한 자신감이 있습니다. 특히 수많은 사람들이 보는 인터넷에 글을 올리는 웹소설 작가들은 대개 본인의 작품에 대해서 엄청난 자부심을 가지고 있지요. 자신이 없다면 아예 올리지도 않으니까요. 까딱 잘못하다가는 좋은 의도로 한 비평도 비난으로 받아들여질 수 있다는 점을 명심합시다.

다른 작가의 글에는 최대한 말을 아끼는 게 좋아요. 독자가 아니라 글을 쓰는 같은 작가 입장이라면 더더욱 그렇겠지요!

그리고 다른 이의 작품을 비평할 시간이 있다면 차라리 자신의 글을 점검하라고 충고하고 싶어요. 본인이 맞춤법도 맞추지 않고 스토리 흐름도 엉켜 있는 글을 써놓고 남의 작품에 대해 왈가왈부하는 것은 그야말로 뜬 구름 잡는 소리밖에 안 되거든요.

앞에 제시한 세 가지 조건 이외에 연재할 때 하지 말아야 할 일들은 아주 많습니다. 하지만 기본적인 예의 범절을 익힌 사람이라면 의식적으로든 무의식적으로든 다 알고 있을 터이니 더 이상 적지 않겠습니다. 역지사지(易地思之)라는 사자성어의 뜻처럼 나와 남의 처지를 바꾸어 생각할 수 있다면 아마도 웹소설을 연재하면서 골치 아픈 문제가 생기는 일은 없을 테니까요.

5부

독자가
왕이다

혹시 좋아하는 아이돌 가수가 있나요? 지금 있거나 과거에 있었다면 그 가수의 팬클럽에 가입하거나 신곡을 사서 듣거나 혹은 콘서트에 가기 위해 용돈을 모은 적도 있을 테지요? 숙소 앞에서 오빠나 누나들 얼굴 한 번 보려고 밤새도록 기다린 경험이 있다면 광팬이라는 단어를 써도 아깝지 않을 거고요.

동방신기, 슈퍼주니어, 빅뱅, 비스트, 엑소, 인피니트, 원더걸스, 소녀시대, 씨스타, 포미닛, B1A4, B.A.P, Miss A……,

저희 둘이 중·고등학생이었을 적에는 동방신기가 압도적인 인기를 구가하고 있었어요. 그 뒤로 빅뱅이 데뷔를 했고요. 동방신기는 지금도 어마어마한 팬을 보유하고 있는 인기 가수입니다만, 그때는 정말 대단했습니다. 친구들이 학교 시험범위는 몰라도 동방신기 멤버들 이름이랑 생일은 다 외울 정도였거든요. 아 참. 저희 두 사람이 학창 시절을 보낼 때에는 지금처럼 아이돌 가수가 많지 않았어요. 그래서 딱히 팬이 아니었던 사람도 웬만한 아이돌 가수의 이름과 얼굴 정도는 구분할 수 있었지요.

　그런데 요즘은 워낙 신인 아이돌 가수가 많이 나와서 솔직히 인지도가 높지 않은 가수들은 어느 그룹에 속해 있는지 헷갈립니다. 초반에 제대로 팬을 모으지 못한 아이돌 그룹은 다음 노래로 컴백하지 못한 채 해체되는 경우도 많고요. 이렇듯 아이돌 가수는 팬이 없으면 존재할 수 없습니다. 웹소설 연재 작가도 마찬가지랍니다. 아이돌 가수처럼 팬이 없으면 존재할 수 없어요. 독자가 없으면 무의미한 존재라는 뜻이지요.

　어쩌면 여러분 가운데는 "그냥 혼자서 잘 쓰면 되지 않나요?"라고 물고 싶은 분도 계실 거예요. 물론 그렇게 해도 작품은 만들어집니다. 무료 연재라면 완결까지 가는 데에도 문제가 없습니다. 하지만 그렇게 쓰는 작품은 연재소설이라기보다 '일기'에 가까워요. 글쓰기가 취미라면 몰라도 작가를 직업으로 삼고 싶은 사람이라면 누군가 자기 글을 읽어줘야 해요. 아무도 봐주지 않는 글을 공개한다는 건 의미가 없잖아요. 고로 여러분은 반드시 '독자가 공감할 수 있고, 뒷내용이 궁금해지며, 다음 편이 기다려지는 연재소설'을 써야 합니다. 연재는 한 편, 한 편이 연속극처럼 진행되는 이야기입니다. 따라서 다음 편을 읽고 싶게끔 적절하게 이야기의 마지막을 끊어내는 기술도 필요하지요.

　물론 다음 편이 보고 싶은 작품을 쓰는 것이 말처럼 쉬운 일은 아닙니다. 그러려면 부단히 노력해야 해요. 독자님들도 취향이 각각 다르기 때문에 같은 작가의 작품이라도 어떤 것은 좋아하는데 또 어떤 것은 싫어할 수 있지요. 다양한 취향을 일일이 다 맞추기란 솔직히 불가능한 일입니다. 그래서 저희는 이렇게 생각하면서 글을 씁니다. '한 명의 누군가가 이 글을 읽고 감동했다면 그걸로 최소한의 도리는 다한 것이다'라고요. 작가는 작품을 만들지만 그 작품에 의미를 부여하는 사람은 맨 처음 그 작품을 읽는 독자입니다. 이 점, 꼭 기억하세요!

독자님이 없으면 작가도 없어요!

"누가 내 글을 표절했다고? 절대로 참을 수 없어!"
연재 사이트에서 패러디 소설을 올리던 A양은 분노했
다. 독자들 중 한 명이 쪽지를 줘서 확인하니 누군가
자신과 같은 소재, 캐릭터의 성격 등을 베껴서 표절했
더라는 것이다. 엄청 노력해서 쓴 소설을 표절하다니.
이걸 어떻게 한담?
A양은 자신의 소설을 표절한 사람에게 쪽지를 보내놓
은 다음, 최후의 수단을 쓰기로 했다. 자신의 분노를
이보다 더 적극적으로 표현할 방법은 없었다.
그로부터 얼마 후.
A양의 패러디 소설을 즐겨 읽는 독자들 앞으로 폭탄이
떨어졌다.

"아니 누가 내 작가님에게!"

독자는 뿔이 났다. 다음 편인 줄 알고 즐겁게 클릭했는데 본편도 아니고 연재 중단 공지였기 때문이다. 그들은 바로 표절했다던 다른 패러디 소설에 들어갔다. 그리고 무차별 악성 댓글 폭탄을 투하했다. 독자가 화가 난 까닭은 표절했기 때문이 아니었다. 자신들이 재미있게 보던 소설이 연재를 중단했기 때문이었다. 고작 그런 이유로 독자들은 악성 댓글을 수십, 수백 개를 달기 시작했다. 이른바 'A작가의 사병'들이 다른 작가를 공격한 것이다.

위의 상황, 어쩐지 익숙하지 않나요? 연재 사이트에서 소설을 연재해본 사람이라면 다들 "앗, 저것은!" 하고 무릎을 칠지도 모르겠네요. 적어도 한 달에 한두 번, 연재 사이트에서 벌어지고 있는 표절 시비입니다.

만약 4부를 잘 읽고 그 내용을 기억하고 있는 분들이라면 알 수 있을 거예요. 우선 위의 사건에서 뭔가 잘못된 점이 있다는 것을요. 같이 점검해볼까요?

첫 번째 실수 : 잘못된 표절 시비

4부에서 언급했다시피, 표절이란 둘 중에 한 작품이 상업적으로 공개되어 있어야 해요. 즉, 유료 연재를 하고 있거나 이북 혹은 단행본으로 출간이 되어 있어야 한다는 뜻입니다. 그런데 예시 상황을 잘 보세요. 두 작품 모두 패러디 소설이었지요? 기억을 더듬어봅시다. 패러디나 팬픽처럼 2차 창작물의 경우에는 원작자가 허락하지 않는 경우 상업적으로 이용할 수 없습니다. 고로 두 작품은 모두 상업적인 작품이 아니었고 따라서 표절 시비 자체가 성립될 수 없습니다.

흐흠. 무슨 뜻인지는 알겠지만, 그래도 왠지 얄밉지요?

두 번째 실수 : 독자 선동

A양은 표절의 의미도 잘 몰랐지만, 더 큰 실수를 했습니다. 바로 공지입니다. 본편에 공지를 올린 것도 모자라서 독자님들을 선동했지요. 아니라고요? 천만의 말씀! 의도가 어떻게 되었든, 독자들은 A양의 연재 중단 공지를 보고 화가 나서 다른 작가에게 악성 댓글을 무수히 달았습니다. 그 이유가 '내가 보던 글이 안 나와서'라는 것이 더 문제입니다. 왜냐하면 다른 패러디

독자의 감정을 자극해서 다른 작가를 공격하게 하는 건 옳지 않아요!!

소설 작가가 정말 글을 베껴 써서가 아니라, 단순히 화풀이로 악성 댓글을 달았기 때문입니다.

세 번째 실수 : 독자를 사병으로 여기다

A양은 이 상황을 어떻게 받아들였을까요? 일이 잘못되었다는 것을 느끼고 수습을 했을까요, 아니면 모르는 척 그냥 내버려뒀을까요? 속으로 '그것 봐. 내 글을 표절해서 이런 일이 일어난 거야!'라고 쾌재를 부르면서요. 여기서 한 가지 사실이 드러납니다. A양을 비롯하여 이와 비슷한 일을 벌인 작가들이 뭔가 착각하고 있다는 사실이지요. 바로 독자들을 자신이 거느리고 있는 군대라고 생각한다는 점이에요.

독자들이 싸워준다고 해도 문제는 해결되지 않습니다. 오히려 일만 더 꼬이고 커지는 경우가 많아요. 하물며 A양처럼 다른 작가 때문에 다음 편을 연재하지 못한다고 말해버리면, 인질을 잡고 협박하는 테러범과 다를 바가 없어요. 이런 경우가 한두 번을 넘어서게 되면 독자님들은 지치고 배신감을 느낍니다. 여러 번 겪다 보면 다 알게 되거든요. 그러니까 여러분, 절대 잊지 마세요. 독자는 작가의 지지자가 될 수는 있어도 사병은 될 수 없다는 것을요!

독자들이 지지해주면 든든하고 어깨가 으쓱해집니다. 하지만 그것을 당연하게 여기면서 작가 자신이 왕인 것처럼 행동하면 안 되지요. 작가에게 무슨 일이 생길 때마다 무조건 독자님들이 싸워주고 해결해줘야 한다고 착각하지 마세요!

독자는 작가에게 글을 계속 쓸 수 있도록 응원하고, 힘을 보태주는 마음의 지원군입니다. 어리석은 착각에 빠지지 말고 현명한 작가가 됩시다.

웹소설 연재 작가를 할 때 꼭 넘어서야 하는 장애물이 있습니다. 아마 한 번이라도 연재한 경험이 있는 분이라면 공감하실 텐데요, 바로 '지적 댓글'을 수용하는 문제입니다. 지적 댓글은 문자 그대로 '작품의 잘잘못을 지적하는 댓글'이에요. 종류도 여러 가지이지요. 단순히 오타를 찾아주는 것부터 크게는 스토리에 관한 조언이나 질책에 이르기까지, 지적의 범위는 넓고 쓰는 사람의 수만큼 많답니다.

어떤 작가는 어지간하다면 대개 수용하려고 노력합니다. 반면 어떤 작가는 아예 댓글조차 읽기 싫어하지요. 더러는 읽어도 반영하지 않는 사람도 있고요. 사실 독자님들이 댓글을 쓰는 것도 자유, 작가가 그 의견을 버리거나 받아들이는 것도 자유입니다. 그러니까 반응도 제각각이지요. 여러분은 지적 댓글이 달렸을 때 어

인터넷이라는 매체의 특성상 지적 댓글이 달리는 현상은 당연하다고 보아야 해요. 따라서 연재 작가들도 댓글의 내용을 주의 깊게 읽어보지요.

떻게, 얼마만큼 받아들이나요? 어떻게 하는 게 최선일
까요? 정답은 없습니다. 참고로 저희는 독자님들의 댓
글을 다음과 같이 분류합니다. 함께 볼까요?

● 맞춤법 댓글 : 본문에 있는 오타를 잡아주는 것

- 3페이지에 있는 '~가 소문을 들었데!'가 아니라 '들었대!'
  아닌가요?

- 구어체로 의도한 부분을 제외하고 '주부로써'가 아니라 '주
  부로서'가 맞습니다!

- '되요'가 아니라 '돼요'입니다.

- 오타 있어요~ '넣을 때도 없이'가 아니라 '넣을 데도 없이'
  입니다!

- '일을 도와주지 위해'? '일을 도와주기 위해'가 아닌가요?

● 내용 오류 지적 댓글 : 본문에 있는 내용 오류를 잡아
  주는 것

- 앞에서는 대중목욕탕이 5층 건물이었는데 왜 이번 편에서
  는 단층 건물로 나오나요?

- 분명 앞에서 1년 안에 빚 갚는다고 나왔는데 3년이 지나도
  록 사채업자조차 등장하지 않네요.

- 여신 이름이 2편과 지금 53편에서 달라요.

- 주인공 눈동자 색이 초록색이었는데 지금은 파란색이라고
  나와 있어요.

- 여주인공이 남주인공과 만나고 있었는데, 갑자기 이야기하
  는 사람이 남자조연으로 변했어요.

- A랑 B가 이어졌으면 좋겠어요! 그 편이 스토리가 더 자연 스럽고 재밌을 것 같네요.

- 저 못된 남주인공을 마지막까지 데굴데굴 굴려주세요!

- 이거 원래 모험물 아닌가요? 왜 갑자기 영지물로 전환되나 요? 그냥 모험물로 쭉 가주세요…….

- 이야기 전개가 너무 느리고 답답해요. 좀 더 당겨줘요!

- 새드엔딩 싫어요! 해피엔딩이 아니면 중도하차 하겠습니다.

영지물(Fief management)이란 주인공이 자신의 영지, 국가 등을 확장시켜나가는 장르의 작품이에요.

　

이렇게 분류한 뒤, 받아들일 수 있는 댓글의 내용을 골라냅니다. 맞춤법에 관련된 댓글과 내용 오류 지적 댓글은 사실 틀린 부분을 고치는 것이므로 대부분의 작가들이 쉽게 수용하는 편이에요. 하지만 스토리에 관련된 댓글은 조금 다릅니다. 기본적으로 세워둔 시 놉시스가 있기 때문에 아무리 독자님들이 원하신다고 해도 선뜻 바꾸기가 어려워요. 그러나 독자의 지적이나 제안이 글을 이끌어나가는 데 더 나은 방향이라고 판 단되면 과감하게 바꿀 수 있어야 합니다. 다른 분들도 마찬가지일 겁니다.

양작가는 『파란만장 태자호위담』을 연재하던 중에 '진도가 너무 느리다. 남자 주인공이 불쌍하다. 완결이 대체 언제쯤이냐'라는 댓글을 읽었습니다. 그리고 글을 확인하니 정말 남자 주인공이 불쌍하고, 진도가 느리 더군요. 그래서 고쳤답니다. 독자님의 의견에 따라 진도를 빠르게! 남자 주인공의 고생을 얼른 끝내도록 시놉시스를 손봤지요. 덕분에 완결도 빨라졌지만 작품의 완성도도 올라갔습니다. 반대로 정작가는 댓글의 대부분을 수용하지 못했습니다. 정작가는 연재하기 전부터 시놉시스 및 줄거리를 최대한 다듬고 시작하기 때문에 고칠 수가 없었어요. 대신, 오타를 지적하는 댓글을 그만큼 받습니다. 정작가는 오타와 이따금 올라오는 내용 오류 지적은 잽싸게 수용하고 바꾼답니다.

즉, 저희가 드리고 싶은 말은 "비판은 본인이 수용할 수 있는 것만 받아들여야 한다"는 것입니다. 이제 왜 이 글의 제목이 '비판을 수용하라'인지 이해되지요? 물론 활발히 작업 중인 웹소설 연재 작가들 중에는 위에서 말했듯이 아예 수용을 하지 않는 분도 계십니다. 하지만 저희는 다른 것은 몰라도 맞춤법 댓글은 무조건 살펴봐야 한다고 생각해요. 본인이 잘 알고 있다고 생각하고 써도 실제로 국어사전을 살펴보면 틀린 경우가 의외로 적지 않거든요. 저희만 해도 연재를 올릴 때는 몰랐다가 출간할 때 편집자가 잡아준 걸 보고 고친 부분이 적지 않답니다.

맞춤법에 대한 댓글을 달아주시는 독자님들 중에는 실제로 글쓰기에 관련된 일을 하고 계신 분이 많습니다. 또한 본인들이 직접 국어사전을 찾아본 후 정확하게 틀렸다는 걸 확인하고 댓글을 달아주는 경우가 대

 마음을 낚는 이야기꾼
웹소설 작가 되기

부분이고요. 독자가 아니라 나를 공짜로 친절하게 가르쳐주는 선생님인 셈이지요. 그런 분들은 대개 끝까지 작가를 응원하고 지지해주는 열혈독자로 남아주신답니다. 여러분, 맞춤법이나 내용 오류 지적 댓글은 지적이 아니라 독자가 작가에게 보내는 애정이라는 것, 명심하세요!

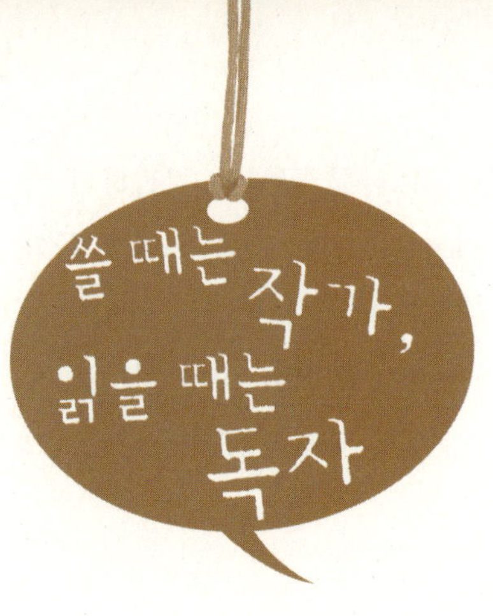

연재 글을 읽으면서 이런 생각을 해보신 적 있나요?
'참 술술 읽힌다.'
'어, 이건 왜 이렇게 읽기가 불편하지? 아이고, 내 눈!'
똑같이 스마트폰, 아니면 컴퓨터로 보는 건데 어떤 작가의 작품은 술술 읽히고, 어떤 작가의 작품은 눈이 터질 것 같죠. 차이는 바로 웹소설 작가의 스킬과 숙련도에서 비롯됩니다. "많이 해본 사람이 잘한다"는 말처럼 웹소설 작가도 연재 경험이 많으면 많을수록 스킬이 늘어나고 요령도 생기지요. 그래서 똑같은 사이트에서 연재하는데도 독자님들이 전혀 다르게 반응하는 거고요

술술 읽히게 글을 쓰려면 당연히 손이 많이 갑니다. 오타 검수도 꼼꼼히 하고, 문장도 여러 번 고쳐야 하지요. 또 연재 원고를 업로드 할 때 일일이 Enter 키를 사용해서 간격을 띄워야 하므로 보통 한 편을 올리는 데 집필부터 업로드까지 최소 3~4시간 정도 걸립니다.

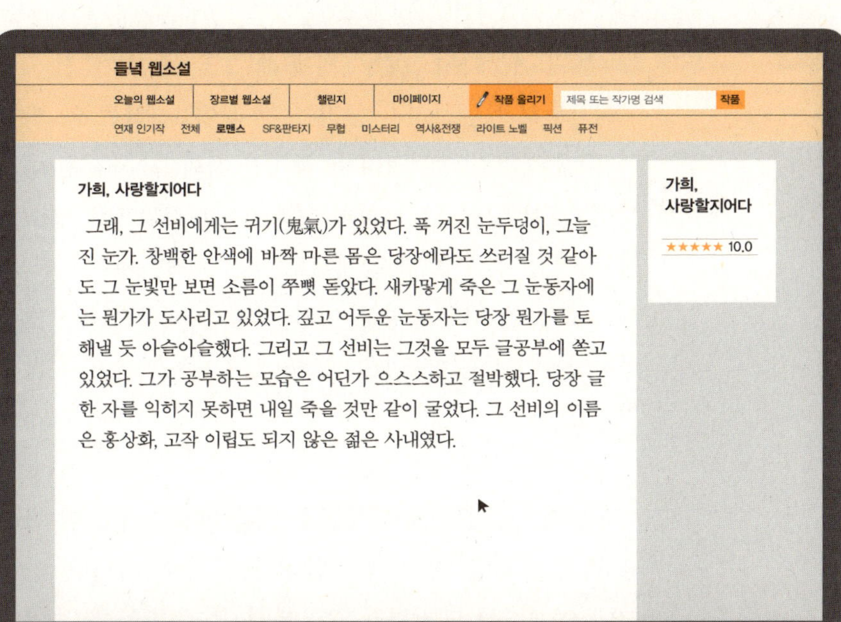
들녘 웹소설
오늘의 웹소설   장르별 웹소설   챌린지   마이페이지   작품 올리기   제목 또는 작가명 검색   작품
연재 인기작 전체 로맨스 SF&판타지 무협 미스터리 역사&전쟁 라이트 노벨 픽션 퓨전
가희, 사랑할지어다
그래, 그 선비에게는 귀기(鬼氣)가 있었다. 푹 꺼진 눈두덩이, 그늘진 눈가. 창백한 안색에 바짝 마른 몸은 당장에라도 쓰러질 것 같아도 그 눈빛만 보면 소름이 쭈뼛 돋았다. 새카맣게 죽은 그 눈동자에는 뭔가가 도사리고 있었다. 깊고 어두운 눈동자는 당장 뭔가를 토해낼 듯 아슬아슬했다. 그리고 그 선비는 그것을 모두 글공부에 쏟고 있었다. 그가 공부하는 모습은 어딘가 으스스하고 절박했다. 당장 글 한 자를 익히지 못하면 내일 죽을 것만 같이 굴었다. 그 선비의 이름은 홍상화, 고작 이립도 되지 않은 젊은 사내였다.
가희,
사랑할지어다
★★★★★ 10.0

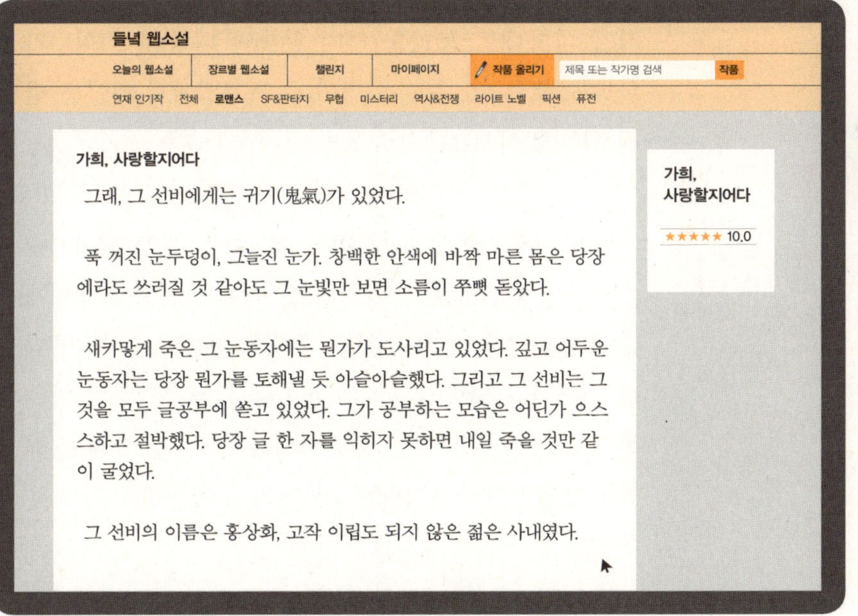
들녘 웹소설
오늘의 웹소설   장르별 웹소설   챌린지   마이페이지   작품 올리기   제목 또는 작가명 검색   작품
연재 인기작 전체 로맨스 SF&판타지 무협 미스터리 역사&전쟁 라이트 노벨 픽션 퓨전
가희, 사랑할지어다
그래, 그 선비에게는 귀기(鬼氣)가 있었다.

푹 꺼진 눈두덩이, 그늘진 눈가. 창백한 안색에 바짝 마른 몸은 당장에라도 쓰러질 것 같아도 그 눈빛만 보면 소름이 쭈뼛 돋았다.

새카맣게 죽은 그 눈동자에는 뭔가가 도사리고 있었다. 깊고 어두운 눈동자는 당장 뭔가를 토해낼 듯 아슬아슬했다. 그리고 그 선비는 그것을 모두 글공부에 쏟고 있었다. 그가 공부하는 모습은 어딘가 으스스하고 절박했다. 당장 글 한 자를 익히지 못하면 내일 죽을 것만 같이 굴었다.

그 선비의 이름은 홍상화, 고작 이립도 되지 않은 젊은 사내였다.
가희,
사랑할지어다
★★★★★ 10.0

"아휴! 귀찮아서 그걸 어떻게 해!"

여러분의 볼멘소리가 들리는 것 같아요. 하든 안 하든 그건 작가의 선택입니다. 하지만 저희 두 사람은 꼭 합니다. 이 글을 읽고 있는 여러분, 그리고 프로 웹소설 작가를 꿈꾸는 분들에게도 '강추'하는 바이고요. 왜냐하면 연재의 특성상 이런 작업을 해주지 않으면 독자님들이 작품을 읽다가 도중에 포기하는 경우가 많거든요.

기본적으로 종이책 단행본을 읽을 때보다 웹소설 연재 작품을 읽을 때 눈에 부담이 훨씬 많이 갑니다. 인터넷 연재소설은 전자기기를 통해 보기 때문에 눈이 쉽게 피로해지거든요. 그래서 이런 사정을 감안하여 작가 나름대로 궁리를 하지 않으면 나중에 조회수가 한 자리로 나올 수도 있답니다. 독자님에게 외면을 받게 되는 것이지요.

사람마다 차이가 있겠지만 작가들은 보통 책읽기를 좋아하고 즐깁니다. 그래서 다른 작가의 글도 엄청나게 많이 읽습니다. 저희도 문단 구분이 제대로 안 되어 있고 간격이 다닥다닥 붙어 있는 글을 컴퓨터나 스마트폰으로 볼라치면 정말 불편하더라고요. 안 그래도 직업이 직업인지라 늘 눈을 혹사시키고 있는데…….

연재 작가들은 글쓰기를 할 때는 작가의 마음을, 써

놓은 글을 업로드해서 읽을 때는 독자의 마음을 가져야 합니다. 본인이 읽을 때 눈이 아프고 불편한 글은 남이 읽어도 눈이 아프고 불편하다는 사실을 잊으면 안 되겠지요!

후기나 공지를 쓸 때도 마찬가지입니다. 말하는 스타일에 따라 다르겠지만 후기를 쓸 때 기본적인 예의를 지키지 않으면 독자님들은 당연히 마음이 상하게 마련이지요. 비속어를 듣고 기분이 나쁘지 않을 사람은 없으니까요. 또한 공지를 올릴 때 알리고자 하는 내용이 명확하게 다 들어가 있는지 확인, 또 확인해야 합니다.

예를 들어볼게요. A작가의 B라는 작품이 이북으로 나왔습니다. 이북은 등록기간이라는 게 있어서 모든 전자책 유통사에서 동시에 판매가 시작되지 않습니다. 보통 2주에서 한 달 정도 지나야 대부분의 유통사에 등록이 끝납니다. 그런데 A작가는 달랑 "이북이 나왔습니다"라고 한 줄 공지를 올렸습니다.

독자님들은 구매가 가능한 곳을 찾아서 헤매기 시작하겠지요. 그러다가 결국에는 작가에게 물어봅니다. "어디에서 살 수 있어요?" 최악의 경우에는 이북 구매를 포기할 수도 있습니다. 만약 A작가가 공지를 쓸 때 조금만 더 생각해서 이북 구매가 가능한 사이트 주소를 같이 적었더라면 전혀 문제가 생기지 않았을 테지요?

독자님들은 이북을 빨리 볼 수 있어서 좋고, 작가는 신간을 많이 판매해서 좋고……. 일석이조의 효과란 이런 것 아닐까요?

인과응보(因果應報)라는 말이 있습니다. "좋은 일에는 좋은 결과가, 나쁜 일에는 나쁜 결과가 따른다"는 의미이지요. 작가가 독자를 생각하는 만큼 독자도 작가를 생각해줍니다. 내가 독자일 때 호감이 가는 작가가 어떻게 연재하고 독자님들과 어떤 방식으로 대화하는지 잘 살펴보세요. 틀림없이 배울 점을 많이 발견할 수 있을 거예요.

<table>
<tr><td colspan="2">작품 공지</td></tr>
<tr><td>출간 공지입니다!</td><td style="text-align:right">2013.09.12</td></tr>
<tr><td colspan="2">

안녕하세요! 둥근보름달 작가입니다! 저와 정연주 작가님의 콜라보레이션 작품인 헤스키츠 제국 아카데미가, 드디어! 출간이 되었습니다! 많이 기다리셨죠? 저희도 독자님들의 문의에 피가 말라가면서 기다렸습니다! 출판사는 그래출판이고요. 1권은 무료, 2,3,4권은 2000원입니다. 예고한 가격대로 나왔어요.

http://www.yes24.com/24/goods/11019248

그래출판이 예스 계열사라 가장 먼저 예스 24에 풀렸습니다. 다른 유통사는 조금 기다리셔야 해요. 티스토어와 기타 유통사들은 11월 정도에 풀릴 것 같습니다.(더 빨라지면 블로그에 공지를 하도록 하겠습니다! 이 부분은 작가가 어떻게 할 수 있는 게 아니라 출판사 정책이라서요. ^^;;)

그리고 신간 발매를 기념해서 두 작가가 재미있는 이벤트를 준비했답니다. 서평과 홍보 이벤트에요! 상품으로 머그컵과 아란과 카이츠 일러가 예쁜! 카드텍 세트를 드립니다. 정연주 작가의 블로그(http://blog.naver.com/ouri144)에 이벤트용 공지가 있으니 많이 참가해주세요! (이벤트는 9.11~9.30일까지입니다)

선선한 가을날이 좋지만 감기에 걸리기도 쉽지요. 건강에 유의하시고 곧 다가오는 추석도 즐겁게 맞이하시길 바랍니다!

</td></tr>
</table>

양작가와 정작가의 작품 공지

6부

출판의
유혹

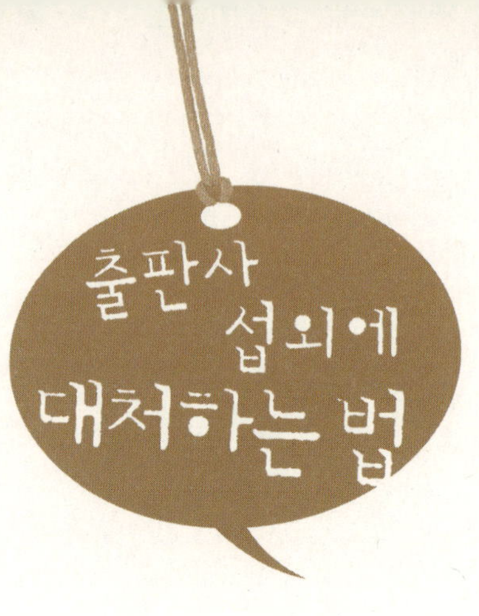

▶웹소설 연재 사이트 증가
▶이북 출판사 증가

최근에 웹소설 연재 서비스를 제공하는 사이트가 늘어났습니다. 이북을 출판하는 이북 출판사도 그 수가 많아졌지요. 과거에 비해서 인터넷에서 소설 연재를 하던 아마추어 작가들이 계약하기도 쉬워졌습니다. 연재하고 있는 작품이 매우 흥미롭거나 많은 독자님들이 좋아해주신다면 동시에 서너 군데에서 계약 제의가 들어오는 경우도 드물지 않아요. 이런 경우에는 어디와 계약하면 좋을지 선택해야 하는 행복한 고민을 안게 됩니다.

　이북 출간 경험이 있거나 현재 작가로 활동하고 있다면 이러한 계약 제의가 들어왔을 때 꼼꼼하게 따져보아야 합니다. 우선 비즈니스 미팅을 통해 계약 조건과 일정을 검토한 뒤 유료 연재나 출간을 진행하지요. 하지만 보통은 주변 사람이 작가가 아닌 이상, 아무런 지식이 없기 때문에 출판사 섭외가 들어오면 무엇을 어떻게 해야 할지 몰라 우왕좌왕하기 일쑤입니다. 본의 아니게 실수하는 경우도 많고요. 그래서 이번 챕터에서는 출판사 섭외에 대처하는 매뉴얼을 알려드리려고 해요. 이 내용들만 잘 익히면 큰 문제가 생기는 일은 없을 거예요!

연락은 이렇게!

출판사 섭외는 보통 댓글·메일·쪽지 등으로 옵니다. 인터넷에 전화번호를 공개하지 않은 이상 전화로 오는 경우는 드뭅니다. 출판사 직원이라고 해도 작가 개인의 전화번호를 쉽게 알아낼 수는 없습니다. 개인정보는 소중하니까요!

기본적으로 제대로 된 출판사라면 작가를 섭외할 때 편집자의 이름, 작품 섭외를 하려는 이유, 회사 이름, 연락처(메일과 전화번호)를 전부 적어둡니다. 정식 업무이므로 메일은 회사 메일 주소를 쓰고 전화번호도 회사 전화번호입니다. 거기에 조금 더 쓰시는 분들은 개인 폰 번호를 추가해놓기도 하고요. 여러 가지 연락처 중 편한 것을 고르면 되지만, 대개 이메일을 가장 많이 사용합니다. 내용은 다음과 같아요.

Tip

홍길동 작가님께

안녕하세요.

저는 장르 및 로맨스 소설 분야에서 종이책과 전자책을 만들고 기획을 담당하고 있는 ○○출판사 담당자 ○○○이라고 합니다.

작가님의 작품은 연재를 통해 잘 읽고 있습니다. 재미있고 흥미진진한 스토리를 보고 저희 출판사와 잘 맞을 거라고 여겨, 이렇게 출간 제의를 드리게 되었습니다.

현재 다른 출판사와 계약이 없으시다면, 이북 계약을 여쭙고 싶습니다. 정확한 이야기는 연락을 주시면 성심성의껏 답해드리도록 하겠습니다. 아래의 연락처나 이메일로 답변 주시면 감사하겠습니다.

감사합니다.

○○출판사

기획팀 팀장 ○○○

서울시 ***구 **동 7가 21-1 서울빌딩 504호

Tel : 02-****-****　　Fax : 02-****-****

Mobile : 010-****-****

E-mail : Gagga@mail.com

http://Gagga.co.kr

여기가 어디? 조사해봐!

계약 제의를 받으면 일단 그 출판사가 어떤 곳인지 알아보아야 합니다. 이름난 출판사라고 해도 반드시 검색을 통해 출판사에 대한 사전 조사를 하는 게 좋습

니다. 세상에는 착한 사람만 있는 게 아니라서 출판사
직원을 사칭해 사기를 치는 경우도 있을 수 있거든요.
어느 정도 규모가 있고 만들어진 지 오래된 출판사라
면 공식 사이트가 있습니다. 사이트에 접속해서 직원
이 섭외할 때 알려준 정보가 사이트에 적힌 정보와 일
치하는지 확인하고, 그 출판사에서 낸 베스트셀러 작
품은 무엇인지, 어떤 작가가 어떤 작품을 출판했는지
정도의 기본 정보를 꼼꼼히 조사해야 합니다.

　"왜요?"라고 물으신다면 저희는 "출판사마다 규모
도 천차만별이고 잘 만드는 작품의 종류도 다르기 때
문"이라고 대답해드릴게요. 또한 A출판사는 이북만 출
간하고, B출판사는 종이책만 출간하고, C출판사는 둘
다 출간하는 경우도 있습니다. 이러한 조건의 차이에
따라 선택할 수 있는 범위가 달라지기 때문에 출판사
가 작가의 작품을 읽고 분석하는 것처럼 작가도 출판
사에 대해 공부해야 합니다.

보호자의 승낙은 필수!

　계약 제의를 받은 작가가 미성년자라면 반드시 보호
자의 승낙을 받아야 합니다. 미성년자는 유료 연재나 출
간을 앞두고 계약서를 쓸 때 법적대리인(예: 부모님)의 동의
가 필요하거든요. 계약할 때 담당자가 동의서를 들고 옵
니다. 미팅 때도 부모님이 동행하는 경우가 많고요.

　　작가 본인의 나이가 미성년자가 아닌 경우라도 학생이거나 성인이 된 지 얼마 안 되었다면 꼭 보호자의 승낙을 받아야 합니다. 계약하면 연재료나 인세를 받게 되는데, 동시에 작가의 이름으로 세금을 내야 하거든요. 또 그 다음해 5월에 종합소득세 신고도 해야 합니다. 이러한 일들은 보호자의 도움을 받지 않으면 처리하기가 힘들어요. 그러므로 가족이나 보호자에게 말해서 계약 전에 꼭 승낙을 받으시기 바랍니다. 허락을 받지 않고 계약한 후 나중에 문제가 생기면 모두 본인이 책임져야 하니까요!

계약서 쓰고 확인하는 일이
소설쓰기보다 어려워!!

드디어, 이 책에서 가장 어려운 부분이 나왔습니다! 저희 두 사람을 날밤 새우게 만들었던 문제의 계약서 읽기. "아이고!" 입에서 절로 앓는 소리가 나오네요. 사실 계약서 읽기는 여러 작품을 계약한 중견 작가들에게도 결코 쉽지 않은 (솔직히 말하자면) 굉장히 어려운 부분입니다. 평소에 잘 쓰지 않는 법 관련 용어가 잔뜩 나오거든요!

그뿐인가요? 계약서의 양식도 출판사마다 다르답니다. 또한 계약서에서 가장 중요한 인세 조항도 작가의 경력과 실적, 그리고 계약하는 작품의 인기에 따라 천차만별이지요. 그래서 보통 출간 경험이 단 한 번도 없는 작가와 계약 미팅을 할 경우, 출판사 담당자는 기본적으로 계약서의 조항 설명을 30분에서 길면 한 시간까지 자세하게 해줍니다.

하지만 처음에는 아무리 설명을 들어도 소용없더라고요. 평소에 쓰는 단어가 아닌 생소한 말들로 가득하기 때문에 솔직히 무슨 소리인지 반도 이해를 못 하는 경우가 많아요. 거기에 운이 없어서 만약 못된 맘을 먹은 나쁜 출판사를 만난다면 "어어~" 하는 사이에 도장을 찍게 될 수도 있습니다. 그렇게 되면 작가의 기본적인 권리조차 보장을 받지 못할 수 있으니 두 눈 크게 뜨고 잘 살펴보세요! 먼저 작품 출판의 성격에 따른 계약서의 종류를 알아볼게요.

출판 계약서

출판 계약은 이북을 내느냐, 종이책을 내느냐, 아니면 둘 다 내느냐에 따라 조항이 굉장히 많이 달라집니다. 이북만 내는 출판사는 당연히 이북 출판 계약서를 쓰고, 종이책만 내는 곳은 종이책 출판 계약서를 쓰지요. 이북과 종이책 둘 다 내는 곳은 이북과 종이책이 합쳐진 양식을 씁니다.

각각의 경우에 따라서 계약서 이름이 다릅니다. 보통 계약서 맨 첫 장에 어떤 형식으로 출판하는 계약서인지 적어놓습니다. 그러니 첫 장을 잘 보고 아래에 제시한 이름 중 어느 것에 해당되는지 살펴야 합니다.

● 이북 – 전송권 계약서

- <u>종이책 - 출판 계약서</u>
- <u>둘 다 - 출판/전송권 계약서</u>

연재 계약서(인터넷 소설 연재)

정식으로 유료 연재를 하게 될 경우에 쓰는 계약서입니다. 연재 날짜, 저작권 사용료(인세), 정산에 관련된 내용이 들어 있답니다. 이북 출판 계약서와 형식이 비슷하지만 연재 기간이 길기 때문에 이에 관련된 조항이 몇 개 더 추가되지요.

❖약관을 읽고 체크하는 일명 사이버 계약서 ❖

종이 계약서 없이 유료 연재가 가능한 사이트도 있습니다. 이 경우에는 계약서와 동일한 권리를 가진 약관을 사이트에서 마련해 작가에게 보여 주고 동의를 받습니다. 체크박스에 체크를 하면 계약서에 도장을 찍은 것과 똑같이 되는 거지요.

인터넷에 나오는 약관은 보통 다 읽기가 귀찮아서 내용을 제대로 읽어보지 않는 경우가 많은데 유료 연재는 금전적인 부분이 관련되어 있으므로 허투루 넘기지 말고 꼼꼼하게 확인해야 합니다!

저작권 양도 계약서(판권 계약서)

작가가 쓴 작품이 영화·드라마·애니메이션과 같은

다른 형태의 콘텐츠로 제작될 경우 쓰는 계약서입니다. 출판 계약서와 연재 계약서에서 오가는 인세와는 비교도 되지 않을 만큼 큰 금액의 분배금이 오고 가지요. 하지만 2차 판권 계약이 되는 작품은 매우 적기 때문에 어지간해서는 쓸 일이 거의 없기도 합니다.

저작권 양도 계약서를 쓸 때는 작가와 출판사 모두 변호사와 같은 법전문가를 대동하는 것이 일반적입니다. 법지식이 없는 일반 사람이 이해하기에는 매우 어려운 내용이 많아서 그래요.

❖ 친구와 애인은 다르고, 비독점과 독점도 다르다! ❖

"친구는 많은 거고 애인은 하나 뿐인 거지."
연애할 때 흔히 쓰는 말이지요. 친구와는 여럿이 두루두루 잘 지내는 것이고 애인과는 손잡고 둘이서 같이 다니는 겁니다. 계약서를 설명하다가 갑자기 웬 친구와 애인 타령이냐고요? 의아해하실 분도 계시겠지만, 이렇게 생각하면 간단해요.
"계약서에도 친구랑 애인이 있다"고 말입니다.
친구는 비독점, 애인은 독점이라고 해요. 비독점은 (친구를 여럿 만들 수 있는 것처럼) 한 작품을 A출판사에서도 출판할 수 있고 B출판사에서도 출판할 수 있는 계약서입니다. 독점은 반대로 (애인처럼) C출판사 하나와만 단독으로 계약하는 거지요.

그렇다면 여기서 문제!

과연 계약서는 독점이 많을까요, 비독점이 많을까요? 작가마다 다르겠지만 보통 출판사들은 당연히 좋은 작품을 혼자서 출판하고 싶기 때문에 독점이 많습니다. 특히 종이책은 거의 작품을 한 출판사에서만 내는 독점 계약서가 대부분이지요. 이북은 독점도 있고 비독점도 있고, 종이책보다 다양한 편입니다.

계약서에는 이 계약서가 독점 계약서인지 비독점 계약서인지 밝히지 않습니다. 즉 따로 써놓지 않는다는 뜻입니다. 다만 이에 해당하는 조항이 있어서 설명할 때 "작가님, 이 작품은 다른 출판사에서 내실 수 없습니다" 하고 말해주지요. 이처럼 다른 출판사에서 낼 수 없다고 말하는 계약서는 '독점 계약서'이고, 다른 데서 낼 수 있다고 말하는 계약서는 '비독점 계약서'입니다.

설명을 들었는데도 이 계약서가 독점인지, 비독점인지 헷갈린다면 계약서를 가져오신 분에게 물어보세요. 작가가 원고 마감일을 지켜야 할 의무가 있는 것처럼 출판사도 계약서의 내용을 전부 설명할 의무가 있습니다. 완벽하게 이해하고 알아들을 때까지 묻고 또 물으세요!

어때요? 계약서의 종류에 대한 설명을 읽고 나니 머리가 조금 복잡해졌지요? 하지만 걱정하지 마세요. 이런 문서를 처음부터 잘 이해하는 사람은 없답니다. 그냥 쭉 훑어보시고, 잘 모르겠다 싶은 부분이 있으면 나중에 다시 한 번 읽어보세요. 이제 여러분이 계약서를 작성할 때 반드시 알아두어야 할 부분, 아주아주 꼼꼼히 따져보아야 할 계약 내용(조건)에 대해 설명할게요. 조금만 더 파이팅!!

2인3각 경기의 골인선은 어디일까?
:계약기간

초등학교는 6년, 중학교는 3년, 고등학교도 3년. 우리가 학교를 다니는 기간이 정해져 있는 것처럼 계약서에도 계약기간이 정해져 있습니다. 계약서를 한 번 쓰면 평생 그 출판사에서만 책을 내야 하는 게 아니랍니다.

"그럼, 보통 몇 년이나 계약을 하나요?"라고 물으시겠죠! 출판사마다 다르고 또 이북이냐, 종이책이냐에 따라 다릅니다. 하지만 저희의 경험으로 평균을 내보면 대략 3~5년이 가장 많은 듯해요. 이북은 보통 계약기간이 3년이고, 종이책은 기본 5년으로 좀 긴 편입니다. 또한 이북과 종이책을 한 번에 계약하는 출판사는 계약기간을 똑같이 통일하기도 해요.

계약기간이 끝나면 작가와 출판사는 두 가지 경우를 고려할 수 있습니다. '갱신' 또는 '계약 해지'이지요. 갱신은 계약을 조항에서 정한 기간만큼(보통 1~3년 정도) 더 유지하는 것이고 계약 해지는 말 그대로 계약을 끝내는 것입니다. 일반적으로 계약서에 "계약기간 만료일 ~개월 전까지 갑 또는 을의 ~에 의한 통고에 의하여 해지할 수 있다"라는 조항이 있어요. 이것이 바로 해지와 관련된 내용입니다. 출판사든 작가든 계약을 해지하고 싶으면 몇 달 전에 상대방에게 "계약을 해지하겠습니다"라고 알려야 한다는 뜻이지요.

작가는 계약을 해지하면 됩니다. 이것도 계약서에 따로 조항을 만들어서 제시를 해두지요. 출판사가 사라지면 종이책이든 이북이든 팔 수가 없고, 최종적으로 인세를 못 받게 되잖아요? 그렇기 때문에 이 경우, 작가는 계약 해지가 가능하답니다!

계산기는 정확하게 두드려야 제 맛이다
: 인세 책정

케이크를 한 판 샀습니다. 아주 맛난 케이크입니다. 촛불도 켜고, 소원을 담아 입 바람도 후우 분 뒤에 뭘 할까요? 맞아요. 빵을 자르는 칼을 들고 커팅을 해야죠! 그런데 여기서 문제가 발생합니다. 예쁘게 8등분을 해야겠지만, 꼭 같은 분량으로 자를 수는 없습니다.

많이 먹는 사람은 많이 잘라가고, 적게 먹는 사람은 적게 잘라갈 수 있습니다. 작가가 받는 인세도 이와 같아요. 출판사가 조금 더 많이 가져가고, 상대적으로 덩치가 작은 작가는 적게 가져갑니다. 이렇게 사이좋게 나누는 케이크 조각은 정확히 얼마큼씩 가져가게 될까요? 이것은 유료 연재냐, 이북이냐, 아니면 종이책이냐에 따라 달라집니다.

유료 연재의 케이크 조각!

연재하는 사이트마다 다를 테지만, 통상 50퍼센트, 사이좋게 반씩 나눠먹는 것이 대세입니다. 실적이 좋고 출간한 작품이 많은 작가라면 이것보다 더 많이 받을 수도 있고요. 그런데 사이트마다 차이가 있는 게 또 있습니다. 케이크 위에 올려둔 장식이 설탕으로 조린 과일인가 초콜릿인가의 차이처럼, 결제 방식이 달라지는데요. 아래와 같은 두 가지 방식이 가장 널리 사용되고 있습니다.

- 편당 결제 : 한 편마다 정해진 금액을 결제하는 방식
  예) 이 작품은 1편 당 이용금액이 100원입니다.

- 정액권 : 하루나 한 달 등 기한을 두고 돈을 낸 다음에 원하는 만큼 보는 방식
  예) 장르소설 1일 자유이용권은 3,000원입니다.

작가에게 최종적으로 지급되는 금액은 세금을 제한 금액입니다.

유료 연재는 연재하는 사이트마다 작가에게 주는 연재료를 계산하는 방법이 천차만별이랍니다. 고로 정확한 계산 경로를 알려면 담당자님에게 어떤 공식으로 연재료가 계산되는지 물어보는 것이 가장 빠릅니다.

또, 연재료를 받으면 국가에 세금을 내야 하는데요, 이 경우에도 사이트마다 적용되는 퍼센트가 조금씩 다르답니다. 3.3%의 사업소득세를 적용하는 곳도 있고 4.4%의 기타소득세를 적용하는 곳도 있어요. 고로 이

세금이 어떻게 적용되는지 꼭 문의해야 합니다.

　유료 연재 사이트들은 작가들이 실시간으로 정산 금액을 확인할 수 있는 시스템을 갖춘 곳이 많습니다. 자동으로 공식이 적용되어서 금액이 표시되기 때문에 거기에서 세금 액수를 빼기만 하면 작가가 맛나게 먹을 수 있는 케이크 조각이 나옵니다!

"어휴, 너무 어려워요. 좀 쉽게 가르쳐주세요!"라고 말씀하시는 분이 계시겠죠. 그래서 저희가 공식을 하나 준비했습니다. "수학은 싫어요!"라고 외치실 독자님들을 위해 학창시절, 수학이라면 치를 떨었던 양작가가 머리 싸매며 만든 거니까 눈 돌리지 말고 꼭 기억해주세요!

❖ 나의 유료 연재 케이크 조각은 얼마일까? ❖
(사이트에 표시된 정산 금액 10,000원, 세금 3.3%일 때)

$$10,000원 \times (100 - 3.3)\% = 9,670원$$

정산 금액 10,000원이 표시될 경우 작가가 받을 수 있는 금액은 9,670원이 나온답니다. 커피 한 잔과 케이크 한 조각을 사 먹으면 딱 맞겠네요. 와아!

이북 판매의 케이크 조각!

웹소설 유료 연재를 끝내고 나면 출판을 해야겠지요. 이북이든 종이책이든 계약서는 다 쓴다는 거, 이제 알겠지요? 사실 이북과 종이책 계약서는 기본적인 조항이 거의 비슷합니다. 그런데 인세를 계산하는 방식은 완전히 달라요.

"왜?"라고 물으신다면…… 음, 일단 이북은 보통 8,000원에서 10,000원 정도 하는 종이책보다 가격이 싸요. 전자파일로 만들어 인터넷에서 판매가 되기 때문에 종이값, 인쇄비, 운송비 등이 들지 않습니다. 그러니 아무래도 예전부터 쓰던 인세 계산 방식을 그대로 적용할 수 없겠지요.

이북 계약서에서 보통 작가가 가져갈 수 있는 케이크 조각은 40~60% 정도라고 나와 있습니다. 그럼 반대로 출판사가 가지는 분량은? 60~40%가 되겠지요! 그런데 계약서에 써 있는 내용에 따라서 가져갈 수 있는 케이크의 양이 달라집니다. 왜냐하면 이북은 케이크를 나눠 먹는 사람이 작가와 출판사 둘이 아니라 작가·출판사·이북 유통사까지 셋이거든요.

계약서에 "책 정가의 50%를 인세로 지급한다"라는 내용의 조항이 있으면 계산하기가 무척 쉽답니다. 그냥 이북 가격에 0.5를 곱하기만 하면 되거든요. 그런데 만약 계약서에 "수수료를 제한 금액을 5:5로 가른다"라고 적혀 있으면? 케이크 조각을 나누는 방법이 조금 복잡해져요.

일단 이북을 판 유통사(교보문고, yes24, 네이버 북스, 티스토어 같은 이북 판매 사이트)에서 일정 부분을 가져간 다음 남은 케이크를 작가와 출판사가 사이좋게 반씩 나누어 먹습니다. "이게 도대체 뭔 소리인가요? 저는 모르겠습니다!"라고 외치실 분들을 위해 간단한 공식을 다시 한 번 준비했습니다. 어렵지 않으니 잘 보세요!

❖ 나의 이북 케이크 조각은 과연 얼마인가? ❖
(이북 가격은 2,000원, 유통사 수수료는 이북 가격의 30%, 인세 50%)

$$2{,}000원-(2{,}000원\times0.3)\times0.5=700원$$

이렇게 작가가 2,000원인 이북 한 권을 팔면 700원의 인세를 받게 됩니다. 물론 실제로는 700원에서 또 세금을 내고 난 후의 금액이 나오기 때문에 인세가 조금 더 줄어듭니다.

"에이, 겨우 700원이요?" 받는 액수가 너무 적다고 생각하는 독자님들도 계실 것 같군요. 하지만 이건 한 권이 팔렸을 때를 가정해서 계산한 것! 실제로 이북을 판매하는 작가님들 중 상위권에 계신 분들은 한 달 판매량이 최소 몇 백 권에서 많으면 몇 천 권을 넘어요. 그러므로 위의 식에서 나온 한 권 인세에 그 달 총 판매 권수를 곱하면 작가가 받는 인세가 됩니다.

종이책 케이크 조각!

종이책은 위에서 나온 케이크보다 큽니다. 위의 케이크가 1단, 2단이었다면 종이책은 단을 켜켜이 쌓은 3단 케이크입니다! 크죠? 하지만 우리의 위에는 한계가 있어서 전부 먹을 수는 없어요. 다 먹으면 탈이 나요!

그런데 유료 연재나 이북을 내다가 처음 종이책 계약서를 쓴 사람들은 적다고 생각합니다. 퍼센트가 위의 예보다 상대적으로 적어지거든요. 하지만 앞서 말했듯이 케이크가 워낙에 커서, 저희가 이북처럼 배분해서 다 먹을 수가 없어요. 딱 저희 먹을 만큼만 덜은 분량이니 그때보다 적어진 것은 아닙니다.

종이책의 케이크 조각은 책 정가의 5~10% 정도랍니다. 어느 출판사에서 어떤 작가가 계약하느냐에 따라 조각 차이가 많이 나요. 당연히 신인은 적고 인기 작가는 많이 받습니다. 처음에는 신인이었지만 나중에 인기 작가가 되면 출판사에서 대우를 올려주는 경우도 있어요. 신인 때 계약한 A소설은 7%였지만, 인기 작가가 되어 쓴 B소설은 10%로 해주시는 겁니다. 작가의 레벨업을 그만큼 인정해주는 것이지요.

자, 그렇다면 종이책의 케이크 조각은 어떻게 계산해야 할까요? 어떤 출판사에서는 친절하게 작가가 받아갈 수 있는 인세의 금액을 계약서에 적어놓는 곳도 있습니다. 하지만 대부분은 작가 인세의 퍼센트와 처음에 얼마나 찍을 것인지 그 권수만 표시해놓지요. 흔히 '초판 부수'라고 부르는 첫 출간 부수를 기준으로 인세

를 계산하거든요. 즉, 계약서에 '초판 부수 ○○권'이라
고 되어 있는 조항이 아주 중요합니다.

　머리에 쥐가 날 것 같지요? 여러분을 위해 EBS 수능
요점정리만큼 간단한 계산 공식을 공개합니다.

❖ 나의 종이책 케이크 조각은 과연 얼마인가? ❖
(책 값 10,000원, 인세 10%, 초판 부수 2,000부)

10,000원×0.1×2,000=200만원

와, 생각보다 많지요? 종이책 단행본 인세는 보통 한 번 받고 끝나는 경
우가 많아서 액수가 큰 편입니다. 물론 책이 잘 팔려서 추가로 더 만들
면 출판사에서는 작가에게 그만큼 인세를 또 지급하지만, 몇 천 부씩
찍은 책을 다 팔기가 쉬운 일은 아니지요.

　이제 작가의 인세를 어떻게 계산하는지 감을 잡으셨
나요? 많이 어려웠다고요? 그래도 이 부분이 어찌 보
면 계약서에서 가장 중요하다고 볼 수 있기 때문에 최
대한 자세하게 알려드리려고 노력했습니다.

　계약을 하면서 본인이 생각한 것보다 인세가 너무 적
다는 생각이 들면 곰곰이 따져보세요. 책을 한 권 만
들려면 작가는 적어도 몇 달에서 몇 년 동안 머리를 쥐

지금까지 설명한 인세 관련 내용은 출판 계약을 할 때 나오는 가장 기본적인 것들입니다. 실제로는 변수가 더 많아요. 신생 출판사나 소규모 출판사일 경우에는 평균보다 적은 인세를 제시할 수도 있고, 큰 곳일 경우에는 작가가 생각하는 것보다 인세를 더 많이 주기도 해요.

어뜬으며 글을 쓰잖아요? 종종 밥도 제시간에 못 먹고, 잠도 못 자면서요. 그러니 뭔가 이상하다, 섭섭하다 싶으면 주저하지 말고 말하세요. 감정은 순간이고, 찝찝함과 서운함은 오래 갑니다!

룰루랄라, 통장이 빵빵해지는 달 : 인세 정산

인세를 얼마나 받을 수 있는지 열심히 계산했으니 이제 언제, 몇 번이나 받는지 알아야겠지요? 작가마다 받는 인세의 금액이 전부 다른 것처럼 받는 날도 출판사 별로 조금씩 차이가 있답니다. 그리고 이북이냐, 유료 연재냐, 종이책 계약이냐에 따라 받는 시기도 다르고요. 심지어 받는 횟수에도 차이가 있습니다.

"으아아, 정말 미쳐버리겠어요! 너무 많아서 다 못 외우겠어!" 틀림없이 여기까지 읽으신 독자님들은 울면서 외치실 겁니다. 하지만 걱정하지 마세요. 이 부분은 별로 어렵지 않습니다. 딱 세 가지 경우밖에 없거든요.

- 매달 정산 : 매달 인세가 나옵니다. 주로 이북 계약과 유료 연재에서 많이 사용하는 방법입니다.

- 분기별 정산 : 12개월을 4로 나누어 일 년에 4번 인세가 나옵니다. 이북 계약에서 사용하는 방법입니다.

● 출간 후 정산 : 책을 출간한 후 작가에게 인세를 지급합니다. 종이책 출판에서 사용하는 방법인데요, 보통 인세를 한 번 받고 끝나는 경우가 많아요. 하지만 초판을 다 소화해서 추가로 책을 만들게 되면 팔리는 만큼 인세를 더 받을 수 있습니다.

각각 장·단점이 있기 때문에 어떤 정산 방식이 좋다고 이야기하기는 어려워요. 다만 전업 작가로서 먹고살아야 하는 상황이라면 아무래도 매달 인세를 받는 편이 좀 더 낫겠지요. 하지만 매달 정산 방식을 택하는 곳이 그리 많지 않아서 작가들은 대개 요령껏 계약 시기를 조절하는 방법으로 쫄쫄 굶는 달이 없게 만들지요. 물론 이것도 쉬운 일은 아니랍니다!

위에 적은 정산 방법 외에 다른 정산 방법이 계약서에 적혀 있다면, 그때는 출판사에 따로 문의해서 확실하게 짚고 넘어가는 편이 좋습니다. 타당한 이유가 없다면 문제가 있을 확률이 높거든요. 특히 나이 어린 작가, 미성년자 작가, 신인 작가들은 계약 후 예상치 못했던 문제가 발생할 경우 피해를 입기 쉬워요. 제대로 대처하기도 힘들고요. 그러니까 계약 전, 꼼꼼하게 조항 하나하나를 다 확인하는 것이 가장 좋겠지요?

본인이 하기 어렵다면 주변 어른들에게 도움을 받으세요. 계약은 문제집의 수학 문제 푸는 것처럼 답지를 보고 혼자 할 수 있는 일이 아니랍니다!

약속을 어기면 지옥의 문이 열릴 것이야!
: 마감일

앞에서 저희가 "작가는 원고 마감일을 지켜야 할 의무가 있다"고 했던 것, 기억나세요? 출판사는 계약서에 대해 설명할 의무가 있고, 작가는 마감일을 지켜야 할 의무가 있습니다. 이번에 설명드릴 조항은 바로 마감일에 대한 거예요. 눈 크게 뜨고 잘 읽어주세요!

마감일은 계약서에서 보통 '원고 인도일'이라고 쓴답니다. 대개 "0월 0일까지 원고를 인도해야 한다"라고 써놓지요. 계약서를 쓸 때 완결까지 원고가 다 있는 경우라 해도 오타를 잡고 수정을 하기 때문에 대부분 마감 일자를 따로 정합니다. 그날을 못 지키면 그야말로 지옥이…… 펼쳐진답니다! 그러므로 원고 인도일을 정할 때 무척 신중해야 합니다. 만약 원고를 넘기는 날이 명절 전후라면 어떻게 될까요? 출판사도 명절에는 쉬기 때문에 일정이 명절 교통체증보다 더 꽉꽉 밀리는 것은 물론이요, 생각보다 날짜를 맞추기도 어렵습니다. 작가들도 명절에는 가족과 모여 떡을 썰거나 송편을 빚어야 하니까요!

"아니, 그러면 대체 언제 원고를 넘기냐고요!"라고 묻고 싶은 여러분께 시원한 답변을 드릴게요. 중·고등학생이라면 방학! 대학생도 방학! 사회생활 중인 일반인이라면 일이 바쁘지 않은 기간! 하하. 이 주제에서 유독 느낌표가 많이 나오네요. 다 이유가 있어요. 작가가 계약할 때 꼭 지켜야 할 두 가지 의무 중 하나가 바로 원고를 넘기는 것이니까요. 또 하나는 작품의 완결이고요.

"데드라인이라고 부르는 마감을 어떻게 하면 잘 지킬 수 있나요?" 하고 쪽지로 물어보는 분도 가끔 계십니다. 팁을 두 개 드리자면, 첫째는 성실하게 원고를 작성하는 것이요, 둘째는 무리하지 않게 일정을 잡는 것입니다. 자신이 쓸 수 있다고 생각한 기일보다 조금 더 넉넉하게 잡으세요. 갑자기 몸이 아플 수도 있고, 다른 일로 바빠질 수도 있으니까요.

계약의 마침표, 도장 꾹!

계약서의 설명도 다 듣고, 필요한 부분도 얼추 다 확인하고 나면 마지막 하이라이트가 기다리고 있습니다. 바로 계약서에 도장을 꾹! 누르는 순간이지요. 계약서의 날인 부분에는 출판사와 작가의 이름, 주민등록번호, 주소와 이메일 주소, 그리고 계약금이나 인세를 받을 수 있는 은행 계좌를 적는 곳이 있어요. 이것을 꼼꼼히 확인한 다음, 도장을 찍거나 사인을 해야 해요. 미성년 작가가 계약할 경우에는 법적 보호자의 동의서를 작성하게 되는데요, 그때는 동의서에도 한 번 더 도장을 찍게 됩니다.

제14조 계약의 해지 및 소송의 관할

(1) '갑' 또는 '을'이 계약에 정한 사항을 위반하였을 때 상대방은 적절할 기간을 정하여 이행을 최고한 후 이 계약을 해지할 수 있으며, 계약 위반으로 발생한 손해의 배상을 청구할 수 있다.

(2) '을'이 파산법, 화의법(和議法), 회사정리법의 적용을 받았을 때나 이와 동일한 상태에 놓여 있을 때에는 '갑'은 이 계약을 해지할 수 있다. 이때 본 저작물의 권리는 '갑'에게 환원된다.

(3) '갑' 또는 '을'이 이 계약의 내용을 변경하고자 할 때에는 서로 합의하여 결정한다.

(4) 이 계약서에 명시되어 있지 않거나 해석상 이견이 있을 경우에는 현행 저작권법 및 기타 민법을 준용하고 사회통념과 조리에 맞게 처리한다.

(5) 이 계약과 관련하여 분쟁 또는 이견이 발생하는 경우 '갑'과 '을'은 우선적으로 한국저작권위원회에 조정신청을 하여 그 결과에 따르기로 한다. 다만, 어느 일방이 조정 결과를 받아들이지 못하여 불가피하게 '갑'과 '을' 사이에 제기되는 소송은 '을'의 사업장 소재지를 관할하는 법원을 제1심 법원으로 한다.

추가 약정 사항

____

____

이 계약을 증빙하기 위해 계약서를 2부 작성하여 각자 서명 날인하고 1부씩 보관한다.

본 계약의 내용이 틀림없음을 확인합니다.

20○○ 년 ○ 월 ○ 일

저작권자(갑) 성명 : __오호호__

주민등록번호 : ____________-____________

주소 : ____

전화번호 : (mobile)______________ (직장 또는 자택)______________

이메일주소 : _______________________________

온라인계좌 : _______________________________

출판권자(을) 웃음출판사 (사업자등록번호 : ○○○-○○-○○○○○)

대표 : 제로미나   (인)

주소 : 경기도 파주시 교하읍 파주출판도시

마음을 낚는 이야기꾼
웹소설 작가 되기

출판사 담당자와 직접 만난다면 눈으로 확인할 수 있지만, 그렇지 않은 경우도 있습니다. 작가가 너무 바쁘거나 기타 사정이 있을 때에는 계약서를 우편이나 등기로 받게 되거든요. 그때는 두 눈 크게 뜨고 계약서를 꼼꼼하게 살펴봐야 합니다. 출판사 도장이 잘 찍혀 있는지, 계약서 내용에 빠진 것은 없는지 등 쭉 확인하지요. 그래도 찜찜하다면 담당자에게 바로 연락해서 물어봐야 합니다. 도장을 찍거나 사인한 뒤에는 빼도 박도 못하게 되거든요!

호랑이가 곶감보다 무서워하는 것 : 표절 금지 조항

작가도 표절 시비에 휘말리면 "으악!" 비명이 터지지만 출판사도 "끄악!" 하고 비명을 지르게 되지요. 출간한 작품에 문제가 생기면 시중에 풀린 작품을 회수해야 함은 물론이요, 그로 인해 엄청난 손해가 발생하니까요. 또 출판사의 이미지를 나쁘게 해서 장기적인 매출에도 타격을 줄 수 있습니다. 그래서 사고를 방지하는 장치로 다음과 같은 내용을 계약서에 꼭 적어둡니다.

위의 내용을 어길 시에는 미성년자 작가라도 예외 없이 책임을 져야 해요. 저작권과 관련된 민감한 사항이기 때문에 절대 봐주지 않습니다.

작가는 존중받을 권리가 있다!
: 저작자 인격권 존중

계약서에는 저작자, 즉 작가의 권리에 대해 써놓은 조항이 있답니다. '저작자 인격권의 존중'이라는 단어로 표현되어 있지요. 출판사마다 조금씩 차이가 있지만 대략 아래의 문장과 같은 내용입니다.

문장이 어렵지는 않지요? 간단하게 말하자면 작품을 출판하기 전에 최종 원고를 작가에게 보여주고 OK 사인을 받아야 한다는 뜻입니다. 작가도 인세를 받았으니 작품을 신속하게 출판할 수 있도록 일을 도와야 해요.

하지만 이때 주의할 게 하나 있어요. 작품을 처음 만들어낸 사람은 작가이기 때문에 출판사에서 편집 과정 중 수정을 요청할 수는 있어도 원칙적으로 내용을 마음대로 바꿀 수 없다는 점을 명심해야 한다는 것입니다. 물론 원고의 질을 높이기 위해서 오타를 잡고, 더 좋은 문장으로 고치는 작업은 작가도 받아들여야 하고요.

남녀 주인공의 이름을 바꾼다든지, 판타지 소설을 무협으로 바꿔버리는 것처럼 과한 수정은 작가의 동의 없이 절대 이루어져서는 안 됩니다. 계약서에 '저작자 인격권 존중'에 대한 조항이 없다면 꼭 추가하세요.

'No'는 'Yes'보다 어려워!!

모든 일에 긍정적으로 "Yes!"라고 말할 수 있다면 정말 좋을 거예요. 무엇을 부탁해도, 요구해도, "Yes!"라고 대답할 수 있는 사람은 정말 능력자이겠지요? 하지만 안타깝게도 모두가 그렇게 될 수는 없습니다. 살면서 우리는 종종 "No!"라고 대답해야 할 순간을 맞이하는데요, 그럴 때에는 당당하게 "No!"를 외칠 수 있어야 합니다. 특히 출판 계약과 관련된 문제일 때는요.

저희도 신인 때에는 뭣도 모르고 "Yes!"를 외치곤 했지요. 덕분에 고생도 엄청 했고요. 소설을 쓰는 작업은 짧아도 3개월, 길게는 몇 년까지 가기 때문에 초반에 일정을 제대로 잡고 계약서를 쓰는 일은 매우 중요합니다. 즉, 지킬 수 없는 것, 할 수 없는 것에 대해서는 반드시 "No"를 외쳐야만 순조롭게 출간이 진행됩니다. 그렇다면 언제 "No!"라고 외쳐야 할까요? 사실 이것이 가장 큰 문제입니다. 언제, 어느 때 해야 할지 알기 어렵거든요. 저희 둘의 경험에 비추어보면 다음과 같은 상황에서는 "Yes!"보다 "No!"라고 말하는 게 도움이 되었답니다. 함께 보실래요?

맞출 수 없는 무리한 일정을 요구할 때 "NO!"

계약서에 있는 마감 날짜가 작가의 일정에 맞지 않는다면 조정해야 합니다. 물론 처음부터 작가와 출판사가 조율한 일정인 만큼 어지간한 이유가 아니고서야 이런 일은 잘 벌어지지 않습니다. 그러나 우리 삶에는 늘 복병(伏兵)이 숨어 있게 마련이어서 언제 무슨 일이 벌어질지 모릅니다. 그런 때를 대비해 마감일에 여유 시간을 두는 것도 약속을 지킬 수 있는 방법 중 하나입니다.

특히 집안에 사고가 생겼다거나 몸이 갑자기 아플 때에는 원고 인도일 안에 마감할 수 없습니다. 이런 경우에는 바로 출판사 담당자에게 연락해서 양해를 구하세요. 출판사에서는 계약서에 있는 마감 날짜를 기준으로 출판 일정을 잡기 때문에 연락도 없이 원고 마감을 차일피일 마루면 문제가 커지기 쉽습니다. 하지만 양해를 구하고 서로 조금씩 양보한다면 조정도 가능합니다.

"담당자님, 장편 ★★★을 계약한 작가인데요. 어머님이 뇌졸중으로 입원하셔서 제가 수발을 해야 해요. 보름 정도 입원해 계실 예정입니다. 죄송하지만 원고 마감일을 한 달 뒤로 늦춰주시면 감사하겠습니다."

진정한 "No!"의 힘은 계약서를 작성할 때 발휘되어야 해요. 원고 인도일을 적는 칸에 말도 안 되는 날짜가 적혀 있다면, 그 자리에서 바로 수정해야 합니다. 원고지로 1200매 분량의 작품을 3월 15일에 계약하면서 다음 달 15일에 원고를 달라고 하면 말도 안 되잖아요? 죽었다 깨어나도 못 쓰지요. 또 고3 작가에게 수능 바로 전날까지 원고를 달라고 한다면? 맙소사. 생각만 해도 끔찍하네요. 그러니까 여러분, 계약서를 쓰면서 출판사와 일정을 조정할 때는 처음부터 원고 인도일을 잘 잡아야 한답니다.

구멍 난 계약서에 사인하라고? "NO!"

저희가 앞에서 소개한 '계약서 꼼꼼히 읽기' 편을 잘 읽었다면, 꼭 들어가야 할 조항이 무엇인지 이제 아셨을 거예요. 그런데 막상 출판사가 내민 계약서에 필수 조항이 빠져 있다면? 이럴 때에는 어떻게 해야 될까요?

어렵지 않습니다. 그 자리에서 계약서 조항을 추가하면 됩니다. 도장을 찍기 전에 찬찬히, 그리고 꼼꼼히 계약서를 읽어보고 부족하거나 빠진 부분이 있으면 담당자와 상의해서 수정할 수 있어요. 만약 출판사에서 받은 계약서에 '출판표준계약서'에 명시되어 있는 '저작자의 인격권 존중' 조항이 빠져 있다면 당장 고쳐야 합니다. 그대로 두면 작가에게 불공정한 계약이 되어버리거든요.

모든 출판사가 그런 것은 아니지만 운이 없으면, 숭숭 구멍 난 계약서를 받는 사람이 바로 내가 될 수도 있습니다. 변호사를 동반해서 계약 미팅에 나가지 않는 이상 구멍 난 계약서를 땜질할 사람은 나 자신밖에 없답니다!

내 책 제목을 출판사 마음대로 짓겠다고요? "NO!"

계약한 작품을 가지고 작가와 출판사가 언제 가장 크게 싸우는지 아세요? 바로 작품의 제목을 지을 때랍니다! "아니, 출판사에서 제목까지 간섭을 한다고요?" 하면서 눈을 동그랗게 뜨실 분도 있겠네요. 예에. 실은 이 부분도 계약서에 자세히 명시되어 있습니다. 바로 "제목이나 내용의 수정을 요청할 수 있다"는 조항이지요.

때로는 그 '요청'이 강요가 되기도 합니다. 출판사에서는 잘 팔리는 작품을 만들고 싶은 마음에 밋밋한 제목을 싫어하는 경향이 있어요. 어떻게 하든 좀 더 눈에 잘 띄는 제목을 달고 싶어 하지요. 하지만 그 누구보다 작품을 잘 아는 작가 입장에서는 조심스럽기만 합니다. 무조건 튀는 게 능사는 아니잖아요. 그래서 작가와 출판사 간에는 종종 신경전이 벌어집니다.

이렇게 작가와 출판사가 팽팽하게 대립할 때 해결 방

법이 있습니다. 바로 독자님들에게 맡기는 것이지요. 그분들의 판단이 정답에 가장 가깝습니다! 일단 독자님들에게 몇 가지 제목안을 제시한 다음 독자 투표를 하거나 댓글을 취합해보면 됩니다. 작가와 출판사한테는 독자의 마음을 읽는 게 관건이니까요. 그러니 출판사 쪽에서 무리하게 제목을 바꾸라고 강요한다면 우선 독자님들에게 맡겨봅시다. 독자님들도 아니라고 하면, 과감하게 "No!"라고 외치세요!

냉정하게 자신을 파악하라!

출판사에서 계약하자는 제의가 들어오면 누구나 가슴이 들뜨게 마련이지요. 계약을 하면 책이 나오고, 그러면 작가가 될 수 있다는 생각에 물불 안 가리고 바로 담당자에게 연락을 넣게 됩니다. 하지만 잠깐!! 저희는 여러분에게 "먼저 머리를 차갑게 식히라"고 조언하고 싶습니다. 단순하게 '좋다, 기쁘다, 신난다'는 감정만 가지고 글을 쓸 수는 없으니까요. 그러므로 출간 제의를 받게 된다면 우선 다음 사항을 꼼꼼히 따져봐야 합니다.

- 계약을 하고 나서 내가 정말 작품을 완성할 수 있을까?
- (연재일 경우) 마감을 꼬박꼬박 지킬 수 있을까?
- 내가 지금 하고 있는 일(학업)과 병행하면서 글을 쓸 수 있을까?

수없이 고민해봐야 합니다. 특히 작품을 내는 것이 본업이 될 수 없는 상황이라면 과연 얼마만큼 시간을 할애할 수 있는가를 따져봐야 합니다. 그러고 난 다음 불가능하다는 결론이 나오면……, 그때는 출판 계약을 거절해야 합니다. 냉정하게 말할게요. 끝까지 책임지고 계약을 이행할 수 없다면, 차라리 시작하지 마세요. 작품을 내고 싶은데 시간과 처지가 안 되어서 그만두는 것이 아쉽다고요? 아니요. 전혀 아쉬워할 필요가 없어요. 시간이 날 때마다 조금씩 연재해서 완결을 낸 다음에 계약하면 되잖아요. 글은 작가에게서 도망가는 법이 없습니다! 조급한 마음이 문제일 뿐이지요.

출판사 담당자에게 "이러이러한 사정으로 지금 당장은 계약이 어렵지만 완결을 낸 다음 꼭 다시 연락하겠습니다. 기다려주시면 감사하겠습니다"라고 전하세요. 그러면 출판사 쪽에서도 수긍하고 기다려주십니다.

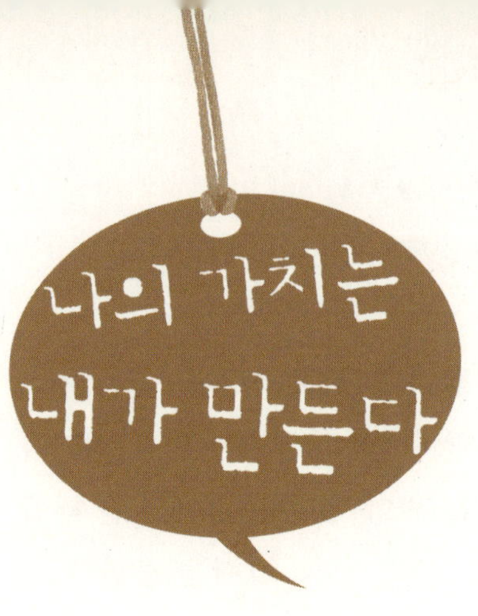

어라, 벌써 마지막이군요. 1부부터 시작해 이것저것 쓰다 보니 훌쩍 여기까지 왔습니다. 저희가 강조한 내용 이외에도 웹소설 연재 작가라는 직업에 대해서 알려드릴 것은 참 많습니다. 그런데 문장으로 설명하기가 참 어렵네요. 직접 경험해보지 않으면 알 수 없는 연재 기간 동안의 괴로움, 마감이 닥쳐올 때 밀려드는 초조함 등등……. 피가 바짝바짝 마르고 살이 쑥쑥 빠지고, 너무 일을 많이 해서 눈이 아려오고, 글은 마음대로 써지지 않아 괴롭고. 자신이 바보라는 생각마저 드는 생활. 이것이 바로 웹소설 작가의 모습입니다.

여러분과 함께할 마지막 챕터의 제목은 '나의 가치는 내가 만든다'입니다. 어린 독자님한테는 조금 어렵게 느껴지겠지만요, 저희는 마지막으로 작가가 출판사와 일할 때의 태도에 대해 말씀드리고 싶어요.

책은 작가 혼자 만드는 게 아닙니다. 글은 혼자 쓸 수 있지만 이북이든 종이책이든 출판사의 편집자, 마케터, 디자이너, 그리고 유통사의 담당자까지 아주 많은 사람이 협력해서 만드는 최종 결과물이지요. 물론 이북은 종이책보다 출간 진행이 빠른 편입니다. 하지만 그나마 출간이 빠르다는 이북도 작가와 출판사가 최종본을 만드는 데는 기본적으로 한 달 이상이 걸립니다. 내용 수정에 보충, 교정교열, 그리고 표지와 편집에 이르기까지 모두의 노고와 정성이 필요하거든요. 게다가 분량이 많은 장편이라면 몇 개월 이상 작업할 때도 있어요.

작업 기간이 길기 때문에 당연히 일하는 도중 많은 문제들이 생깁니다. 작가가 마감을 지키지 못해 울면서 전화하는 일은 비일비재, 출판사에서 밤샘 작업을 하다 편집자가 병원에 실려 가기도 해요. 양작가는 이런 일도 겪었어요. 작품을 섭외한 편집자님이 개인 사정으로 갑자기 출판사를 그만두신 거예요. 원고를 보내고 나서 연락을 기다리는데 오랜 시간이 지나도 도무지 답 메일이 오지 않더라고요. 그래서 부랴부랴 전화를 했다가 그 사실을 알게 된 것이지요. 너무 급작스럽게 벌어진 일이라 출판사에서도 인수인계가 원활하게 이루어지지 못했던 모양입니다. 결국 그 작품은 일정이 꼬여서 막판에 밤샘 작업을 해야 했어요. 하필 중간고사 기간과 딱 겹치는 바람에 원고와 전공 서적을 같이 보아야 했답니다.

작가가 초고(처음 쓴 글)를 출판사에 넘기면 담당 편집자가 숙독하면서 오류나 수정 사항, 발전적인 방향 등을 작가에게 제안합니다(피드백). 그러면 작가는 내용을 수정하거나 오류를 바로잡지요. 두어 차례 더 교정교열을 본 뒤 작가와 담당자가 최종 OK를 놓습니다. 그 사이 디자이너는 더 멋진 책으로 연출하는 작업에 들어가고, 마케터는 대중에게 더 많이 알릴 수 있는 길을 모색하지요.

이 외에도 저희 두 사람이 일하면서 겪었던 에피소드는 정말 많아요. 소설로 쓰면 10권짜리 장편으로 만들 수 있을 만큼요. 기분 나쁜 일도 있었고, 누군가에게 도움을 받았던 적도 있었지요. 화가 났다가, 좋았다가, 슬펐다가, 우울하다가……. 말로 표현할 수 없을 만큼 다양한 감정이 교차했습니다. 그러면서 저희는 하나의 사실을 깨달았어요. 여럿이 함께하는 일을 무사히 끝마치려면 서로를 존중하는 태도가 가장 중요하다는 것이지요.

출간 도중 문제가 생기면 작가만 힘든 것이 아닙니다. 그 작품에 관련된 사람들 모두가 힘듭니다. 당연히 웃으면서 일을 하기 힘든 분위기가 되지요. 특히 어떤 한 사람의 실수로 일정이 꼬인다면 상황은 최악으로 치달을 수 있습니다. 그럴 때는 화가 나고 짜증도 나지만 프로 작가라면 일단 참습니다. 작가가 화를 낸다고 해서 이미 터진 사고가 해결되는 건 아니니까요. 발 빠르고 현명한 수습만이 최선의 방법이지요.

비상사태를 대하는 작가의 태도에 따라 출판사의 평가도 달라집니다. 격한 감정을 이기지 못하고 험한 말을 하는 작가는 당연히 싫어하지요. 냉철한 이성으로 조곤조곤 말하는 작가에게는 마음속으로 가산점을 줍니다. 여러분, 작가라는 직업을 평생 가지고 살려면 어떻게 해야 할까요? 가산점을 받는 후자의 작가가 되어야겠지요. 저희가 "나의 가치는 내가 만든다"고 말씀드린 것은 바로 이런 이유 때문입니다. 작가가 하는 행동, 말, 그리고 업무 능력에 따라 출판사에서 평가하는 작가의 점수는 오르락내리락 하거든요. 그러니 항상 노력하고 남을 배려하는 마음을 잊지 말기 바랍니다.

"미래의 작가 여러분, 모두 화이팅입니다!!"

부록

웹 소 설
작 가 되 기
번 외 편

Q. 인터넷 연재와 출간을 얼마나 해야 전업 작가로 먹고살 수 있나요?

A 작가마다 수입이 천차만별이기 때문에 딱히 정답은 없습니다. 하지만 연재한 작품 수가 많고 출간 권수가 많으면 수입이 늘어나지요. 현재 전업 작가로 일하시는 분들을 보면 적어도 20~30권 이상씩 출간한 작가님들이 대부분입니다. 인터넷 연재도 똑같습니다. 유료 연재 작품 수가 많으면 전업 작가 생활을 하기가 수월합니다.

Q. 연재 중 의도치 않았지만, 앞서 누군가 연재했던 글 중 비슷한 소재나 캐릭터가 있어 표절 의혹을 받는다면 어떻게 해야 하나요? 그것도 표절인가요?

A 비슷한 소재나 캐릭터만으로 표절이 성립되지는 않습니다. 또한 나중에 쓴 작가가 그 작품을 보았는지 안 보았는지에 따라 판단하는 게 달라집니다. 안 보았다면 우연히 비슷하게 나온 것이고, 보았다면 자기도 모르게 영향을 받았을 가능성이 높지요. 표절 의혹을 받을 경우 어떻게 대처해야 하는지는 앞에서 충분히 설명했기 때문에 더 이상 쓰지 않겠습니다. 가장 원만하게 넘어가는 방법은 역시 문제가 된 부분을 수정하는 것입니다.

A 글을 잘 쓰는 것은 기본, 인맥관리와 이미지 관리도 잘 해야 합니다. 작가는 연재를 하든, 책을 내든 혼자서 일하는 것이 아니라 다른 여러 사람들과 함께 일해야 합니다. 그러니 인맥도 잘 관리해야 하고, 좋은 이미지를 유지할 수 있어야 합니다. 또 기본적으로 글을 쓰려면 여러 사람을 많이 만나보고 관찰해야 합니다. 저희도 마감을 하지 않을 때는 출판업계 관계자와 업무 미팅을 자주 갖는답니다. 일도 하고 캐릭터 연구도 동시에 하는 거지요.

Q. 이미 이북 계약을 한 작품을 소장용으로 제본하고 싶은데,
그런 경우 개인지로 판매하면 불법인가요?

A 계약서에 따라 다릅니다. 이북 출판권만을 가져가는
전송권 계약을 한 경우에는 개인지 출판이 가능하답
니다. 계약서의 조항이 어렵게 되어 있어 잘 모르겠으
면 계약을 진행한 담당자님께 문의하세요. 가장 확실
한 답변을 얻을 수 있습니다.

Q. 이북을 계약하면, 그 작품을 종이책으로 낼 때 무조건 이
북을 계약한 출판사에서 내야 하나요? 아니면 이북 계약은
A에서, 종이책 계약은 B에서 해도 되는 건가요?

A 꼭 이북을 낸 출판사에서 내야 하는 건 아닙니다. 처
음 계약한 곳에서 이북 출판권만 가져갔으면 종이책과
이북 출판사가 각각 달라도 상관없습니다. 출판사는
이북만 전문으로 하는 곳과 종이책·이북을 둘 다 출판
하는 곳이 있습니다. 만약 종이책·이북을 둘 다 출판
하는 곳이라면 처음 계약을 할 때 이북과 종이책 출판
권을 다 가져가는 경우가 대부분입니다. 출간 시기에만
차이가 있을 뿐 이북과 종이책이 전부 나오는 거지요.
이북만 출판하는 곳에서 이북 계약을 했을 경우에는
당연히 종이책 계약 자체가 불가능합니다. 아예 만들
지 않으니까요. 그럼 작가는 종이책을 내는 다른 출판

사와 계약해서 종이책을 냅니다. 예를 들어 정연주 작가의 『기화, 왕의 기생들』의 경우, 이북은 '그래 출판'에서 나왔고 종이책은 '들녘출판사'에서 나왔습니다. 그래 출판은 이북 전문 출판사이기 때문에 종이책을 내는 게 불가능했거든요.

Q. 한 번 이북을 구매하면, 그건 영원히 제 소유물이 되는 건가요? 아니면 해당 사이트에서 서비스를 종료하면 더 이상 볼 수 없는 건가요?

A 한번 다운 받으면 영원히 독자님 소유인 걸로 압니다. 기기에 직접 다운로드가 되는 거니까요.

Q. 인터넷 연재를 했던 글을 나중에 이북으로 낼 때, 오탈자만 잡나요, 아니면 전체적인 내용을 손보고 출판하나요?

A 글의 완성도에 따라 편집부와 작가가 의논해 판단합니다. 시놉시스가 잘 나온 글은 연재 초고라도 구조가 탄탄하답니다. 그러면 오탈자와 문장 수정만 하고 내용은 거의 건드리지 않습니다. 손을 대면 더 나빠질 수도 있거든요. 외전 추가를 좀 더 하는 정도로 원고 수정을 마칩니다. 하지만 완성도가 떨어진다면, 이북이라도 전체적인 내용을 작가가 손보고 다 뜯어고칩니다.

장편이라면 몇 달씩 걸릴 수도 있어요!

Q. 장편소설을 이북으로 낼 때엔 권당 원고 분량이 어느 정도가 적당한가요?

A 어려운 질문이군요. 이것도 출판사마다 차이가 좀 나는 편입니다. 이북은 전자기기로 보기 때문에 종이책과는 다르게 기술적 문제도 고려해야 한답니다. 종이책과는 다르게 이북은 권당 분량을 너무 많이 집어넣으면 파일 크기가 커져서 오류가 날 확률이 높아집니다. 페이지가 잘 안 넘어간다든지, 이북을 보고 있는데 앱이 갑자기 꺼진다든지……. 그래서 400~500페이지가 넘어가는 두꺼운 책은 이북으로 만들 경우 내용을 나누어 한 권을 두 권으로 나누는 경우가 많답니다. 하지만 이런 특별한 경우를 제외하고는 이북도 종이책과 동일한 원고 분량으로 출간합니다. 대개 200자 원고지로 700~1200매입니다. 권당 원고 분량은 출판사마다 약간 차이가 있답니다.

Q. 이북을 볼 때면 표지에 일러스트가 있는 경우가 많은데, 그런 일러스트는 다 작가의 마음대로 고르는 건가요? 그리고 일러스트는 출판사에서 공짜로 구해주는 건가요, 아니면 따로 보수를 지불하는 건가요?

A 표지 일러스트는 두세 작품 중 하나를 고르는 경우
가 많답니다. 글을 쓴 작가가 작품에 대해 가장 잘 알
기 때문에 출판사에서도 작가에게 의견을 물어봅니다.
일러스트는 출판사에서 해결하는 게 일반적이지요. 하
지만 작가가 꼭 쓰고 싶은 일러스트가 있을 경우에는
따로 보수를 지불하고 사오기도 합니다. 운이 좋을 경
우, 독자님에게 선물 받은 일러스트를 표지로 쓰는 분
도 있어요!

A 웹소설은 연재 계약을 하고, 이북은 출판 계약을 하
는 것이 가장 큰 차이점입니다. 계약서가 달라요! 현재
웹소설을 서비스하고 있는 업체는 여러 곳인데 그중 가
장 유명한 곳은 네이버지요. 작가에게는 달마다 안정
적으로 고료가 들어오는 네이버의 시스템이 좋습니다.
연재하는 동안에는 생계 걱정을 하지 않아도 되니까
요. 또한 미성년자 독자님은 이북 결제가 쉽지 않기 때
문에 원고를 무료로 볼 수 있는 웹소설을 선호하지요.
이북도 장점이 있습니다. 독자님이 작품을 다운받아
소장하는 게 가능하니까요. 그래서 성인 독자님들은

완결 후 이북을 많이 구매하십니다. 작가의 입장에서 보면 연재가 끝나면 작가 수입도 0이 되는 웹소설과 달리, 이북은 팔리는 만큼 인세가 지속적으로 들어옵니다. 웹소설은 단기 수입, 이북은 장기 수입이라고 보시면 되어요.

Q. 인터넷 연재를 하다 보면 출판 제의가 들어오는 경우가 있는데, 출판사에서 섭외가 들어오는 작품은 대개 어떤 것인가요? 특별한 기준이 있나요? 인기가 많을수록 유리한 건가요?

A 인기가 많은 작품은 당연히 우선순위에 올라갑니다. 그리고 출판사의 성향도 중요하지요. 로맨스 판타지, 현대 로맨스, 동양 로맨스, 무협, 일반 문학 등등. 소설에는 수많은 종류가 있고 규모가 큰 종합 출판사가 아닌 이상 주력으로 내는 종류가 정해져 있답니다. 그걸 중심으로 작품을 고르십니다.

작가의 필력도 계약이 들어오는가 아닌가를 결정하는 요소 중 하나지요. 출판사에서는 문체가 좋고 맞춤법을 잘 맞추는 작가를 좋아합니다. 스토리까지 재미있으면 금상첨화고요!

Q. 이북을 계약하면 여러 유통사에 이북이 나가는데, 그럼 유

통사마다 책을 등록하는 것도 다 돈이 드는 일인가요?

A 책을 등록할 때 돈이 나가는 건 아닙니다. 이북이 한 권 팔리면 판매액에서 수수료를 일정 금액 떼어가는 방식으로 유통사는 매출을 올립니다. 인터넷 사이트를 운영하고 앱을 만들고 관리하려면 당연히 많은 인력이 필요합니다. 그분들의 월급도 이북 판매액에서 나오는 거랍니다.

Q. 공모전에 원고를 투고하는 것과 인터넷 연재를 하다 출판 제의를 받는 것에는 어떤 차이가 있나요? 공모전은 자기가 자발적으로 찾아가는 것이고, 연재하다 픽업되는 것은 출판사가 먼저 제안한 경우잖아요. 누굴 더 우대하고 이런 게 있나요?

A 계약서가 다릅니다. 공모전의 경우 상금을 미리 받기 때문에 그 부분에 대한 조항이 따로 있고, 저작권도 주최를 하는 단체에 따라 작가에게 전부 주거나 공동 저작권으로 하거나…… 두 가지 경우가 있습니다. 우대의 차이는 출판이 되는 방식에서 생기는 게 아니라 작품의 인기와 작가의 경력에 따라 생긴답니다. 고로 투고해서 첫 출판을 하게 되든, 연재를 하다 첫 출판을 하게 되든 똑같이 알 작가인 셈이지요. 병아리가 되려면 한참 멀었지요!

A 표절이 아닙니다. 표절이 되려면 캐릭터, 스토리 전
개, 대사, 문단에서 똑같이 베낀 부분이 있어야 합니
다. 과거로 돌아가는 회귀라는 장치는 드라마에서도
자주 사용하는 거지요. 신데렐라 스토리도 로맨틱 드
라마에서 일 년에 몇 작품은 나오고요. 클리셰까지 전
부 표절의 범위에 넣으면 드라마, 영화, 소설 신작이 나
올 수가 없답니다.

Q. 인터넷에 올린 글은 어디까지가 제 소유인가요? 연재를 하
다 보면 특정 사이트나 블로그에 연재하는 경우가 많은데,
그럴 경우엔 연재를 하는 곳에서도 제 글에 대한 저작권을
어느 정도 갖게 되는 건가요? 그럼 해당 사이트에서 제 글
을 다른 곳에 무단으로 옮기거나 지울 수 있는 거예요?

A 저작권은 작가에게 있습니다. 쓴 사람이 글에 대한
소유권을 가지는 거랍니다. 연재를 하는 곳에서는 저
작권을 가질 수 없어요! 그리고 사이트에서 글을 무단
으로 옮기거나 지우는 것도 안 됩니다. 하지만 예외가
있지요. 만약 그 글이 사이트의 규칙을 어겼을 경우,

예를 들면 어린 학생이 볼 수 있는 연재란에 19세 구독 불가의 글을 올리면 삭제나 옮기는 것이 가능합니다. 또 소설이 아닌 광고 글인 경우도 마찬가지고요. 그러니 소설을 올리기 전 해당 사이트에 어떤 규칙이 있는지 잘 살펴보아야 합니다.

Q. 두 작가님은 이미 '헤스키츠 제국 아카데미'와 '차아제국 열애사'를 공동연재 하셨잖아요. 공동연재의 장단점과 공동연재를 하기 위해 꼭 필요한 것이 있다면 알려주세요.

A 공동연재의 장점은 아무래도 작가의 일이 적다는 거지요. 혼자서 쓰는 것보다 일의 양이 줄어듭니다. 게다가 편집을 많이 보기 때문에 연재본도 원고 상태가 좋아요. 오타가 적은 편이지요.
또한 공동 작품을 하는 작가를 잘 만날 경우 자신이 평소에 쓰기 힘들었던 작품을 쉽게 쓸 수 있습니다. 양작가와 정작가는 사실 특기가 완전히 달라요. 양작가는 현대 로맨스와 로맨스 판타지, 정작가는 동양 로맨스와 추리, 일반 판타지를 잘 쓰지요. 헤스키츠 제국 아카데미는 원래 정작가가 혼자서는 쓰기 힘든 발랄한 분위기의 작품이었습니다. 반대로 차아제국 열애사는 동양 로맨스라 양작가 혼자서는 집필이 불가능했고요. 하지만 단점도 있습니다. 일단 시놉시스를 짤 때 세세한 부분까지 전부 정해두고 그 내용을 둘이서 달달 외워야 합니다. 오류가 발생하는 걸 막기 위해서지요. 설정집은 당연히 길어질 수밖에 없고 등장인물 또한 게임처럼 이름, 나이, 성격, 외모까지 샅샅이 적어서 파일화해야 한답니다. 안 그러면 좋은 작품이 나오지 않거든요.

마지막으로 공동연재를 하기 위해서 꼭 필요한 것을 물으셨는데, 여러 가지가 있지만 가장 중요한 건 양보의 미덕입니다. 둘이서 같이 짜는 것이므로 자기 생각만 주장해서는 안 돼요. 상대방의 의견이 더 좋다면 수용해야 합니다.

그리고 하나 팁을 더 드리자면, 메인 작가를 정해두는 것이 좋습니다. 챕터의 전체적인 얼개는 메인 작가가 듬성듬성 쓴 후 보조 작가가 보충을 하면 글의 퀄리티가 훨씬 좋아진답니다!

많은 작가 지망생들이 궁금해하는 것이 출판의 기준이
지요. 앞에서도 몇 가지를 짚어 설명했지만 실제로 원
고를 보는 것이 더 이해가 빠를 것 같아 예시를 하나
준비했습니다. 아래 원고는 흔히 학생 작가들이 많이
실수하는 맞춤법과 단어를 모아 작가 지망생이 쓴 짤
막한 장면입니다.

* Before *

[정신없이 시간이 흘러 7교시]
생물시간이 시작되었다.
　"자~오늘은 생물시험을 할 거다. 조는 번호순서로 4명씩 만들고 개구
리 뒷다리에 전기를 보내는 실험을 할거야. 빨리 과학실로 내려와."
　항상 수업은 안하고 수업시간 때 실험을 하는 생물 선생은 우리 학
교 싫어하는 선생님들중 빡치는 선생 1위 였다(2위는 아슬아슬한 차이로
미술 선생님이다).

조는 4명씩 9조로 짜여졌다. 여름방학 보충 때에 전과자가 생겨 1명이 남았다. 남은 사람은 하지나였다. 존재감이 없었던 건 다 이유가 있었던거다...

반 애들은 자연스럽게 나눈 조에 모여 떠드는 모습을 만들었다~ 그런 모습과는 다르게 혼자 남은 하지나는 과학실 구석에 덩그런히 있었다... 그 모습을 쳐다보니까 오지랖 큰 반 실장이라 못번쩍 하려는데 힘든 상황이다!-_- 고민 끝에 구석에 있는 그아이에게 다가갔다... 말을 걸려고 했을때 과학실 문이 열렸고 생물 선생님이 들어오셨다.

"종 소리가 5분이나 지났는데 서 있는 놈들은 누구야? 민승후! 수행 깍기전에 빨리 니네 조에 가서 앉아라"

안그래도 생물 수행은 짜서 점수가 안나오는데 마음과 말도 빨라져서 물었다

"저,저기 하...지나 라고 했지? 이제 수업 시작해서 빨리 자리에 앉아야 되니까 조 없으면 우리조로 올래?"

내가 생각해도 형식적인 말이 였는데 그 아이는 고개를 푸욱~~ 숙이고 반 아이들에 눈치를 봤다가 모기만한 소리로 대답을 했다

".............응"

허둥지둥 자리에 앉아서 실험준비를 하고 개구리를 만지고 실험을 하는 도중에도 조원들의 시선은 따가웠다. 역시 쓸데 없는 오지랍이였나보다;;; 내가 미국에 다녀갔다온 여름방학 보충때 전과한 하지나에 대해서 잘은모르지만 한가지 정확한건 반 애들이 하지나를 멀리한다는 것은 느껴졌다...

〈딩동♩♫♫~댕동~♩♪〉

[쉬는시간]

종소리가 들리며 수업이끝났다 과학실에서 책을 챙기며 보충시간표를 생각하는데 누군가 퍼억! 등짝을 밀었다.

"야 민승후! 너 하지나랑 벌써 친해졌냐? 왜 갑자기 니네 조에 넣어
주냐?"

재식은 갑자기 등뒤에 나와 이상한 말을 하며 비웃었다.

"아니거든, 뭐가 친해져~ 혼자 남아서 서 있는데....그냥 보기도 쫌 안
좋잖아?"

"풋~ 웃기시네!!!! 니가 그런거 상관하는 놈이냐?"

"헐~ 너 너무 날 매정한 놈으로 생각하는데?"

"알았다~ 알았어~ㅋㅋㅋ 진짜 그런거라면 괜찮은데 하지나한테 까
지 그러는 건 쫌....."

"왜?"

"아니....아무것도 아니야."

이상하다. 반 애들이 그애를 피하는 눈치가 솔직히 궁금했다. 왠지
하지나에게 호기심이 들었다

"야 재식아, 근데 하지나 말야 왜 전과 했어?"

"몰라~ 정 궁금하면 직접 물던가!!"

모른다고? ...혹시 왕따 당해서 온거야? 아님 그냥 문과가 안맞아서
온거야? 아악~!! 빌어먹을!!! 오지랍이 시작된다! 그냥 신경쓰지 말자
말어~~_

"승훈아~! 담임선생님이 교무실로 오래!"

분명 이목소린 반 부실장인 김민서다 !

왜 매번 담임은 쉬는 시간 마다 날 못잡아 먹어서 날린지;;

"알았어 그럼 김민서 니가 내책좀 교실에 갖다나줘~!"

다 읽었지요? 아마 인터넷 소설 연재 사이트에서 흔하게 볼 수 있는 내용의 글일 겁니다. 만약 이 원고를 그대로 출판사에 투고하거나 공모전에 내면 어떻게 될까요? 담당자, 또는 심사위원은 원고 파일을 열어본 후 한 열 줄 정도 읽다가 조용히 ×를 누를 겁니다. 줄거리나 시놉은 당연히 안 보고요. 기본적인 맞춤법이 갖추어져 있지 않기 때문에 아예 검토 대상에서 제외되는 것이지요. 미스코리아 선발 대회에서 참가자들이 전부 곱게 화장을 하고 나오는 것처럼 글도 깔끔하게 다듬어야 뽑힐 수 있습니다. 자, 그럼 이 원고를 고쳐보도록 할까요?

생물시간이 시작되었다.

"자, 오늘은 생물실험을 할 거다. 조는 번호순서로 4명씩 만들고, 개구리 뒷다리에 전기를 보내는 실험을 할 테니 빨리 과학실로 내려와."

항상 수업은 안 하고 수업시간 때 실험을 하는 생물 선생은 우리 학교 학생들이 싫어하는 선생님들 중 빡치는 선생 1위였다. (2위는 아슬아슬한 차이로 미술 선생님이다.)

조는 4명씩 9개로 짜여졌다. 여름방학 보충 때에 전과자가 생겨 1명이 남았다. 남은 사람은 하지나였다. 존재감이 없었던 건 다 이유가 있었던 거다……

반 애들은 자연스럽게 나눈 조에 모여 떠들고 있었다.

그런 모습과는 다르게 혼자 남은 하지나는 과학실 구석에 덩그러니 있었다. 그 모습을 쳐다보자니 오지랖 넓은 반 실장이라 못 본 척 하는 게 힘든 상황이다! 고민 끝에 구석에 있는 그 아이에게 다가갔다. 말을 걸려고 했을 때 과학실 문이 열렸고 생물 선생님이 들어오셨다.

"종소리가 5분이나 지났는데 서 있는 놈들은 누구야? 민승후! 수행 깎기 전에 빨리 너네 조에 가서 앉아라."

안 그래도 생물 수행은 짜서 점수가 안 나오는데 마음과 말도 빨라져서 물었다.

"저, 저기 하, 지나라고 했지? 이제 수업 시작해서 빨리 자리에 앉아야 되니까 조 없으면 우리 조로 올래?"

내가 생각해도 형식적인 말이었는데, 그 아이는 고개를 푸욱 숙이고 반 아이들의 눈치를 봤다가 모기만 한 소리로 대답했다.

"……응."

허둥지둥 자리에 앉아서 실험준비를 하고 개구리를 만지고 실험을 하는 도중에도 조원들의 시선은 따가웠다. 역시 쓸데없는 오지랖이었나 보다. 내가 미국에 다녀온 여름방학 보충 때 전과한 하지나에 대해서 잘은 모르지만, 한 가지 정확한 건 반 애들이 하지나를 멀리한다는 거다.

딩동 댕동.

종소리가 들리며 수업이 끝났다. 과학실에서 책을 챙기며 보충시간표를 생각하는데 누군가 퍼억! 등짝을 밀었다.

"야, 민승후! 너 하지나랑 벌써 친해졌냐? 왜 갑자기 너네 조에 넣어주냐?"

재식은 갑자기 등 뒤에서 나와 이상한 말을 하며 비웃었다.

"아니거든, 뭐가 친해져. 혼자 남아서 서 있는데……. 그냥 보기도 쫌 안 좋잖아?"

"풋, 웃기시네! 네가 그런 거 상관하는 놈이냐?"

"헐, 너 너무 날 매정한 놈으로 생각하는데?"

"알았다, 알았어. 진짜 그런 거라면 괜찮은데 하지나한테 그러는 건 쫌……."

"왜?"

"아니, 아무것도 아니야."

이상하다. 반 애들이 그 애를 피하는 눈치가 솔직히 궁금했다. 왠지 하지나에게 호기심이 일었다.

"야, 재식아, 근데 하지나 말야. 왜 전과했어?"

"몰라. 정 궁금하면 직접 묻던가!"

모른다고? ……혹시 왕따 당해서 온 거야? 아님 그냥 문과가 안 맞아서 온 거야? 아악! 빌어먹을! 오지랖이 시작된다! 그냥 신경 쓰지 말자, 말어.

"승후야! 담임선생님이 교무실로 오래!"

분명 이 목소린 반 부실장인 김민서다! 왜 매번 담임은 쉬는 시간마다 날 못 잡아먹어서 난린지.

"알았어. 그럼 김민서, 네가 내 책 좀 교실에 갖다 놔줘!"

짠! 어떤가요? 내용은 똑같은데 글이 훨씬 깔끔해졌지요? 고치기 전과 무엇이 달라졌는지 꼼꼼하게 비교해 보세요. 맞춤법을 제대로 맞춘 글은 읽기 편하고, 내용을 이해하기도 쉽습니다. 앞의 두 글을 살펴보면서 "아하, 바로 이런 거구나!" 하는 생각이 든다면 여러분이 원고를 쓸 때 참고하세요. 도움이 되었으면 좋겠네요.

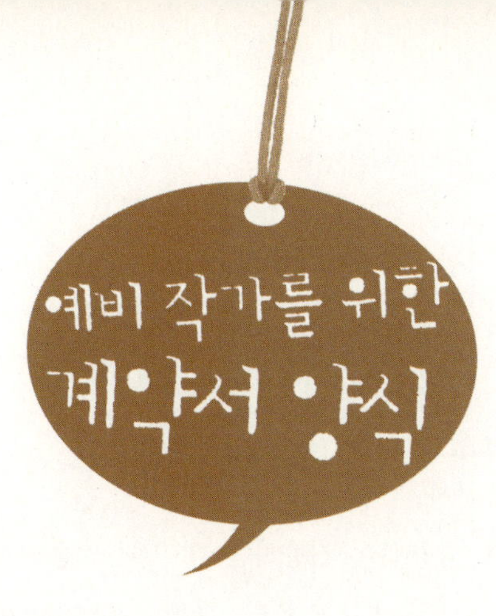

"계약서는 어떻게 생긴 건지 당최 모르겠어요!"라고 궁금증이 넘치는 예비 작가를 위해 계약서 양식을 준비했습니다. 계약서 조항은 출판사마다 약간 차이가 있기 때문에 실제로 사용되는 계약서와 똑같지는 않답니다. 하지만 공통적으로 들어가는 조항은 거의 동일하므로 보고 참고하시면 도움이 될 거예요!

최근 신인 작가는 한 출판사에서만 작품을 낼 수 있도록 독점 계약을 하는 게 추세입니다. 다음에 예시로 든 계약서는 독점 계약의 경우입니다. 편의상 작가 이름은 '오호호', 작품의 타이틀은 '우하하', 출판사 이름은 '웃음출판사'로 하겠습니다.

전송권 계약서

저작자명 : <u>오호호</u>

저 서 명 : <u>우하하</u>

상기 저작물을 사용하여 전송하는 데 있어 전송권자 : 웃음출판사 을(를)
"을"이라 하고 저작권자 : <u>오호호</u> 을(를) "갑"이라 하여 양자 간에 다음과
같이 신의와 성실로서 계약을 약정하며, 본 계약은 양자가 서명함과 동시에
효력을 발생한다.

제1조 〈독점 전송의 허락〉

(1) 갑은 위 저작물에 대하여 현행 저작권법 제2조 9의 2에서 규정하고 있
 는 '전송 : 일반 공중이 개별적으로 선택한 시간과 장소에서 수신하거나
 이용할 수 있도록 저작물을 무선 또는 유선 통신의 방법에 의하여 송신
 하거나 이용에 제공하는 것을 말한다'의 방법으로 이용하는 권리와 저
 작권법 제18조의 2에 의한 '전송권'을 행사할 수 있는 독점적인 권리를
 을에게 부여한다.

(2) 을은 제1조 1항의 독점적인 권리 부여에 따라 을이 제휴를 맺은 업체,
 타사이트에서 위 저작물을 전송, 판매할 수 있다.

제2조 〈전송권의 존속 기간〉

(1) 위 저작물의 전송권은 위 저작물이 '현시(現示) : 정보처리장치(컴퓨터,
 단말기, 휴대전화 등)의 특정 화면에 게시됨으로써 특정 또는 불특정의
 이용자들이 열람할 수 있는 형태'가 가능하게 된 날로부터 __ 년 출판사

에게 존속된다.

(2) 제12조에 의한 갱신의 경우, 전항의 기간은   년 유지된다.

제3조 〈원고 등의 인도〉

(1) 갑은 __년_월_ 일까지 위 저작물의 판매를 목적으로 한 전송을 위하여 완전한 원고 또는 이에 상당한 자료를 을에게 인도하여야 한다.

(2) 갑은 위 저작물을 보호하기 위하여 을과의 수정 작업을 거친 교정 원고 및 최종 원고를 제3자에게 인도하여서는 아니 된다.

(3) 갑이 제3조 (2)항을 위반하였을 경우 갑은 이에 대한 일체의 책임을 지며 출판사의 피해액을 전액 배상한다.

제4조 〈저작물 내용상의 책임〉

(1) 위 저작물은 갑의 순수 창작물이어야 하며, 제3자의 작품을 모방하거나 유사한 내용이 있을 경우에 일어나는 모든 책임과 손해배상은 갑에게 있다.

(2) 갑은 위 저작물의 내용이 제3자의 권리를 침해함으로 말미암아 손해배상 등의 분쟁이 발생하였을 경우 및 출판사에게 손해를 끼쳤을 경우에는 그에 대한 일체의 책임을 지며, 출판사의 피해액을 전액 배상한다.

(3) 위 저작물이 현시된 이후, 을은 갑으로부터 본 저작물 내용에 대한 수정증감 요구가 있을 때에는 갑과 협의하여 이를 반영한다.

제5조 〈저작자 인격권의 존중〉

을은 위 저작물의 최종 교정본을 출간 전에 갑에게 보여주어 사전 동의를 얻도록 하고, 갑은 위 저작물을 을이 신속하게 출판하도록 최대한 협조하기로 한다.

제6조 〈현시의 의무와 시한〉

(1) 출판사는 갑의 제3조의 이행에 따라 원고 인도일로부터 _개월 이내에 위 저작물을 현시한다. 을이 기한 내에 위 저작물을 게재할 수 없다고 판단할 때에는 사전에 갑에게 연락하여 그 연장에 관해 갑의 승낙을 얻어야 한다.

(2) 갑의 원고 제출 지연, 원고 수정 및 검토로 인해 작품 현시가 늦어질 경우 그에 따른 책임은 갑에게 있다.

(3) 타당한 이유 없이 갑의 원고 인도가 시한 내에 이루어지지 않은 경우, 을은 원고 인도의 불이행에 따른 손해를 갑에게 청구할 수 있다.

제7조 〈판매 방법〉

위 저작물의 전송에 따른 이용료 및 선전, 판매의 방법 등은 을이 결정한다.

제8조 〈인세 등〉

(1) 을이 위 저작물을 웹사이트를 포함하여 파일로 판매할 경우, 을은 갑에게 파일로 판매하여 발생한 수익의 __%를 전송권 사용료 즉, 인세로 지급한다. 이때 판매로 인해 발생한 결제수수료 및 솔루션사용료는 을이 지불한다.

(2) 을이 위 저작물을 제휴사의 웹사이트, 단말기, 휴대전화 등을 통해 판매할 경우, 을은 이를 통해 을에게 발생한 수익의 __%를 갑에게 전송권 사용료 즉, 인세로 지불한다.

(3) 을이 저작물을 증정, 신간 안내, 선전, 미리보기(체험판), 업무용 등에 쓰는 것에 대하여 갑은 인세를 면제하여 준다.

(4) 인세는 선지급이 아닌 판매대금에 따른 후지급을 원칙으로 한다.

제9조 〈인세의 지급 등〉

(1) 을은 계약 기간 동안 1년에 __회 판매 내역을 갑에게 통고 및 정산하고,
    제8조에서 정한 비율의 인세에 상당하는 금액을 그 익월 말일까지 갑에
    게 지급함을 원칙으로 한다.

(2) 인세는 갑이 제시한 은행계좌로 송금하며, 이때 송금에 따른 수수료는
    을이 부담한다.

제10조 〈저작권, 전송권의 양도 등〉

을이 위 저작물의 전송권을, 갑이 위 저작물의 저작권을 제3자에게 양도할
때에는 상대방으로부터 문서에 의한 동의를 얻어야 한다.

제11조 〈계약내용의 변경〉

을 또는 갑이 본 계약의 내용을 변경하고자 할 때에는 쌍방이 협의하여 결
정한다.

제12조 〈계약의 갱신〉

본 계약은 계약 기간 만료일 __개월 전까지 어느 한쪽에서 문서에 의한(우
편 발송시 등기 우편) 통고에 의하여 갱신 및 종료할 수 있으며, 그 통고가
없는 한 __년씩 자동 연장된다.

제13조 〈계약의 해제〉

(1) 갑과 또는 을이 본 계약에서 정한 사항을 위반하였을 때에는 서면으로
    상대에게 그 이행을 알리고, 그 후 __일이 경과하여도 이를 이행하지 않
    을 경우에는 본 계약의 일부 또는 전부를 해제할 수 있으며, 그에 따른
    손해배상을 청구할 수 있다.

(2) 을에 있어서 다음 각 항에 해당하는 사유가 발행하였을 경우, 갑은 을
    에 대해 어떤 최고 없이도 본 계약을 해지할 수 있다. 단, 아직 지불하지
    않은 인세에 대한 갑의 권리는 유효하다.
a) 어음의 부도 외에 지불정지 또는 지불불능이 되었을 때.
b) 을에 대해 파산, 화의, 회사정리, 회사갱생의 신청, 기타 유사한 신청이
    있었을 때.
(3) 제13조 (1)항 또는 (2)항에 해당하는 타당한 이유 없이 갑과 을 중 어느
    한쪽이 임의대로 계약을 이행하지 않거나 해제하고자 할 경우, 상대방은
    그에 따른 손해배상을 청구할 수 있다.

제14조 〈재해 및 사고〉

천재지변(태풍, 홍수, 폭설 등) 불가항력에 의한 재난으로 인하여 본 계약 이
행이 지체되거나 불가능하게 되었을 경우에는 갑과 을이 협의하여 공평하
게 처리한다.

제15조 〈계약의 존중 및 분쟁 해결〉

갑과 을은 본 계약을 존중하고, 본 계약에 관해 의문이 생겼을 때 또는 본
계약에 정해져 있지 않은 사항에 대해 의견을 달리 했을 때에는 성의 있게
그 해결에 임한다. 본 계약으로 발생한 모든 분쟁에 대해 갑과 을은 협의 후
에 원활하고도 신속하게 해결하도록 노력한다.

제16조 〈비밀 유지〉

이 계약의 내용 및 조건은 양자 간의 기밀 사항으로, 제3자에게 유출할 수
없다. 단, 정부나 법정 기관의 적법한 요구를 받았을 시에는 예외로 한다.

제17조 〈소송의 합의관할〉

본 계약과 관련된 분쟁이 발생할 경우 먼저 저작권심의 조정위원회의 조정을 거쳐야 하며, 조정이 성립되지 않을 경우 제1심 법원은 을의 사업상 소재지를 관할하는 법원으로 한다.

제18조 〈저작권법 및 민법의 준용〉

본 계약의 규정사항 이외의 것은 저작권법 및 민법의 규정에 따르기로 한다.

제19조 〈개인 정보 보호〉

을은 갑의 동의 없이 갑의 개인정보를 공개하지 않는다.

본 계약서는 2부를 작성하고 을과 갑가 각각 1부씩 보관한다.

20**년 월 일

저작권자의 표시(갑)

주　소 :

주민등록번호 :

성　명 : 오호호 (인)

계좌번호 :

전송이용권자의 표시(을)

주　소 :

출판사 명 : 웃음출판사

사업자등록번호 :

대표자 성명 : 한웃음　(인)

출판권 계약서

저작자명 : <u>오호호</u>

저 서 명 : <u>우하하</u>

상기 저작물을 출판하는 데 있어

출판권자 : 웃음출판사 을(를) "을"이라 하고

저작권자 : <u>오호호</u> 을(를) "갑"이라 하여

양자간에 다음과 같이 신의와 성실로서 계약을 약정하며, 본 계약은 양자가 서명함과 동시에 효력을 발생한다.

제1조 〈출판권 설정의 허락〉

(1) 갑은 을에 대하여 위에 표시된 저작물(이하 '위 저작물'이라 줄임)의 출판권을 설정한다.

(2) 전 항의 규정에 따라 을은 위 저작물의 복제 및 배포에 관한 독점적인 권리를 가진다.

제2조 〈용어의 정의〉

(1) 본 계약에서 말하는 '출판권'이라 함은 저작권법에서 규정하고 있는 "저작물을 인쇄 그 밖의 이와 유사한 방법으로 문서 또는 도화로 발행할 수 있는 권리"를 말한다.

제3조 〈출판권의 등록〉

저작권법에 따라 을은 위 저작물에 대한 출판권 설정을 등록할 수 있으

며, 갑은 등록에 필요한 서류를 을에게 제공하는 등 이에 적극 협력하여야
한다.

제4조 〈원고 등의 인도〉
(1) 갑은 ___년 __월 _일까지 위 저작물의 판매를 목적으로 한 전송을 위
    하여 완전한 원고 또는 이에 상당한 자료를 을에게 인도하여야 한다.
(2) 갑은 위 저작물을 보호하기 위하여 을과의 수정 작업을 거친 교정 원고
    및 최종 원고를 제3자에게 인도하여서는 아니 된다.
(3) 갑이 제3조 (2)항을 위반하였을 경우 갑은 이에 대한 일체의 책임을 지
    며 을의 피해액을 전액 배상한다.

제5조 〈저작물 내용상의 책임〉
(1) 위 저작물은 갑의 순수 창작물이어야 하며, 제3자의 작품을 모방하거나
    유사한 내용이 있을 경우에 일어나는 모든 책임과 손해배상은 갑에게
    있다.
(2) 갑은 위 저작물의 내용이 제3자의 권리를 침해함으로 말미암아 손해배
    상 등의 분쟁이 발생하였을 경우 및 출판사에게 손해를 끼쳤을 경우에
    는 그에 대한 일체의 책임을 지며, 을의 피해액을 전액 배상한다.

제6조 〈저작자 인격권의 존중〉
을은 위 저작물의 최종 교정본을 출간 전에 갑에게 보여주어 사전 동의를
얻도록 하고, 갑은 위 저작물을 을이 신속하게 출판하도록 최대한 협조하기
로 한다.

제7조 〈발행의 의무와 시한〉

(1) 출판사는 갑의 제3조의 이행에 따라 원고 인도일로부터 _개월 이내에 위 저작물을 발행한다. 을이 기한 내에 위 저작물을 출판할 수 없다고 판단할 때에는 사전에 갑에게 연락하여 그 연장에 관해 갑의 승낙을 얻어야 한다.

(2) 갑의 원고 제출 지연, 원고 수정 및 검토로 인해 작품출판이 늦어질 경우 그에 따른 책임은 갑에게 있다.

(3) 타당한 이유 없이 갑의 원고 인도가 시한 내에 이루어지지 않은 경우, 을은 원고 인도의 불이행에 따른 손해를 갑에게 청구할 수 있다.

제8조 〈판매 방법〉

위 저작물의 전송에 따른 이용료 및 선전, 판매의 방법 등은 을이 결정한다.

제9조 〈인세 등〉

(1) 인세율은 정가 ____원의 _%로 한다. 최소 보증 부수 ____부 의 계약금 원 중 ____원은 계약 후 1개월 이내에 지급하고 ____원은 출판 후 1개월 이내에 지급한다.

(2) 을이 출판물을 증정, 신간 안내, 선전, 업무용 등에 쓰는 것에 대하여 갑은 인세를 면제하여 준다.

제10조 〈인세의 지급 등〉

(1) 을은 매년 12월 31일까지 위 저작물의 출판물의 당해 판매 부수 집계에 기초한 판매보고서를 익년 1월 말일까지 갑에게 제출한다. 을은 보고된 판매 부수와 정가에 의한 1년간의 판매 총액에 대해, 제8조 (1)항에서

정한 비율의 인세 중 계약금을 제하고 그 해 2월 말까지 갑에게 지불한다.

(2) 인세는 갑이 제시한 은행계좌로 송금하며, 이때 송금에 따른 수수료는 을이 부담한다.

제11조 〈저작권, 출판권의 양도 등〉
을이 위 저작물의 출판권을, 갑이 위 저작물의 저작권을 제3자에게 양도할 때에는 상대방으로부터 문서에 의한 동의를 얻어야 한다.

제12조 〈출판물의 증정 등〉

(1) 을은 위 저작물의 출판물 초판 발행시에   부, 재판 발행시 _부를 갑에게 무상으로 증정한다.

(2) 갑은 을에게 상업적인 필요가 아닌 경우에 한하여 정가의 _%로 위 저작물의 출판물을 구입할 수 있다.

제13조 〈전집, 선집 등에의 수록〉
본 계약 기간 중에 갑이 위 저작물을 자신의 전집이나 선집 등에 수록, 출판할 때는 미리 을의 동의를 얻어야 한다.

제14조 〈계약내용의 변경〉
갑 또는 을이 본 계약의 내용을 변경하고자 할 때에는 쌍방이 협의하여 결정한다.

제15조 〈계약의 갱신〉

본 계약은 계약 기간 만료일 개월 전까지 어느 한쪽에서 문서에 의한(우편 발송시 등기 우편) 통고에 의하여 갱신 및 종료할 수 있으며, 그 통고가 없는 한   년씩 자동 연장된다.

제16조 〈계약의 해제〉

(1) 갑과 또는 을이 본 계약에서 정한 사항을 위반하였을 때에는 서면으로 상대에게 그 이행을 알리고, 그 후 __일이 경과하여도 이를 이행하지 않을 경우에는 본 계약의 일부 또는 전부를 해제할 수 있으며, 그에 따른 손해배상을 청구할 수 있다.

(2) 을에 있어서 다음 각 항에 해당하는 사유가 발행하였을 경우, 갑은 을에 대해 어떤 최고 없이도 본 계약을 해지할 수 있다. 단, 아직 지불하지 않은 인세에 대한 갑의 권리는 유효하다.

a) 어음의 부도 외에 지불정지 또는 지불불능이 되었을 때.

b) 을에 대해 파산, 화의, 회사정리, 회사갱생의 신청, 기타 유사한 신청이 있었을 때.

(3) 제16조 (1)항 또는 (2)항에 해당하는 타당한 이유 없이 갑과 을 중 어느 한쪽이 임의대로 계약을 이행하지 않거나 해제하고자 할 경우, 상대방은 그에 따른 손해배상을 청구할 수 있다.

제17조 〈출판권 소멸 후의 배포〉

제8조에 의한 출판권 설정의 대가를 지급한 경우 출판권이 소멸한 후에도 을은 계약기간 만료일 이전에 발행된 도서의 재고품을 계속 배포할 수 있다. 이때 을은 제8조에 의한 저작권 사용료를 갑에게 지급하여야 한다.

제18조 〈재해 및 사고〉

천재지변(태풍, 홍수, 폭설 등) 불가항력에 의한 재난으로 인하여 본 계약 이행이 지체되거나 불가능하게 되었을 경우에는 갑과 을이 협의하여 공평하게 처리한다.

제19조 〈계약의 존중 및 분쟁 해결〉

갑과 을은 본 계약을 존중하고, 본 계약에 관해 의문이 생겼을 때 또는 본 계약에 정해져 있지 않은 사항에 대해 의견을 달리 했을 때에는 성의 있게 그 해결에 임한다. 본 계약으로 발생한 모든 분쟁에 대해 갑과 을은 협의 후에 원활하고도 신속하게 해결하도록 노력한다.

제20조 〈비밀 유지〉

이 계약의 내용 및 조건은 양자 간의 기밀 사항으로, 제3자에게 유출할 수 없다. 단, 정부나 법정 기관의 적법한 요구를 받았을 시에는 예외로 한다.

제21조 〈소송의 합의관할〉

본 계약과 관련된 분쟁이 발생할 경우 먼저 저작권심의 조정위원회의 조정을 거쳐야 하며, 조정이 성립되지 않을 경우 제1심 법원은 을의 사업상 소재지를 관할하는 법원으로 한다.

제22조 〈저작권법 및 민법의 준용〉

본 계약의 규정사항 이외의 것은 저작권법 및 민법의 규정에 따르기로 한다.

제23조 〈개인 정보 보호〉

을은 갑의 동의 없이 갑의 개인정보를 공개하지 않는다.

을은 갑의 동의 없이 갑의 개인정보를 공개하지 않는다.

본 계약서는 2부를 작성하고 을과 갑가 각각 1부씩 보관한다.

20**년 월 일

저작권자의 표시(갑)

주　소 :

주민등록번호 :

성　명 : 오호호 (인)

계좌번호 :

전송이용권자의 표시(을)

주　소 :

출판사 명 : 웃음출판사

사업자등록번호 :

대표자 성명 : 한웃음　(인)

"우리 딸이 웹소설가 된다고 날마다 컴퓨터 앞에만 앉아 있어요. 지금은 뭐래나 팬픽을 쓰고 있다는데……그거 연재 끝나면 본격적으로 장르소설에 도전해보겠대요. 정말 직업으로서의 가능성이 있는 걸까요?"

얼마 전 작가와의 대담 때 어느 어머님이 말씀하신 내용입니다. 어른들은 여전히 "작가가 되겠다"는 자녀의 말을 폭탄 투하처럼 여기세요. 아마 "작가=백수"라는 공식을 떨쳐버리지 못하신 탓이겠지요? 예에, 맞아요. 작가로 입문하는 사람은 많아도 작가로 성공하는 사람은 드물지요. 하지만 이런 현상은 어느 직업군(職業群)이나 마찬가지입니다. 우리가 살아가는 세상 거의 모든 일이 피라미드형으로 움직이니까요. 생태계 자체가 그렇잖아요?

하지만 저희는 부모님들께 "걱정만 하시지 말라"고 말

쓰드리고 싶어요. "무조건 못 하게 하지도 마세요"라고도요. 어떻게 하면 좋으냐고요? 자녀들의 앞날 걱정에 잠 못 이루시는 부모님을 위해 몇 가지 팁을 드릴게요.

다툼보다는 타협점을 찾으세요

작가 지망생들이 부모님과 맨 처음 부딪칠 때가 언제일까요? 바로 대학에 가서 전공할 학과를 선택하는 순간입니다. 저희 경험상 이런 경우가 가장 많더라고요. 작가 지망생들은 대개 글쓰기를 전문적으로 배우는 국문학과나 문예창작 관련 학과로 진학하기를 원하는 반면, 부모님은 취업이 잘 되는 다른 과를 원하십니다. 그래서 진로상담을 할 때 종종 다툼이 일곤 해요. 이견(異見)을 좁히기가 힘들거든요.

결론부터 말씀드리면, 작가라는 직업은 꼭 국문학을 전공하지 않아도 할 수 있습니다. 실제로 저희 두 사람은 국문학과나 문예창작과가 아닌 다른 과를 전공했어요. 양작가는 정치외교학과를 졸업했고, 정작가는 글쓰기와 도무지 관련이 없어 보이는 세무회계를 공부했지요.

하지만 글 관련 계통으로 진학하면 좀 더 작가가 되기 쉬운 것도 사실입니다. 2년 혹은 4년 동안 체계적으로 글에 대한 거의 모든 것을 배우기 때문에 국문학과나 문창과 출신 작가님들은 내공이 탄탄하지요. 전공자인가 비전공자인가 하는 데에는 각각 장·단점이 있기 때문에 어느 것이 더 낫다고 섣불리 말하기 어렵습니다. 다만 자녀의 열망과 성적, 그리고 진학 당시의 상황을 보고 결정하는 것이 가장 좋은 길이라는 것만 말씀드릴게요.

● 선택 A : 수상 경력이 화려하다면 국문학과나 문예창작과 진학이 유리!

어릴 때부터 글쓰기에 뛰어난 재능을 보이는 작가 지망생들은 중·고등학교 재학 시절 대학 주최 백일장이나 대회에 나가서 수상하는 경우가 많습니다. 수상 실적이 많으면 당연히 입시에도 유리하지요. 이 경우에는 글쓰기 관련 학과로 진학하는 편이 낫습니다.

요즘은 대학마다 졸업 인증 제도가 강화되어서 졸업을 하려면 복수전공이나 부전공을 꼭 해야 하는 경우가 많습니다. 즉, 대학에 가서 글쓰기만 배우는 것이 아니라 다른 공부도 하는 거지요. 작가는 넓은 바다를 보아야 다양한 글을 쓸 수 있습니다. 그러니 국문학과에 진학한 자녀에게 이렇게 말해주세요. "정말 훌륭한 작가가 되고 싶으면 글쓰기 이외에 다른 것도 공부해보라"고요.

앞의 케이스와 다르게 글쓰기를 좋아하는데 딱히 뚜렷하게 드러나지 않고 본인도 갈팡질팡 한다면 글쓰기 관련 학과가 아니라 다른 과로 가는 것이 낫습니다. 확고하지 않다면 다양한 것을 보고 자신의 길이 어디에 있는지 찾아야 하니까요. 다만 이때 부모님의 생각을 지나치게 강요하지 말고, 자녀와 많은 대화를 나누어 보시기 바랍니다. 또한 전과, 복수전공, 부전공 등 대학 진학 후에도 여러 가지 방법이 있다는 걸 알려주셔야 합니다.

취미나 흥미로 글을 쓰다가 공모전에 당선되는 경우도 의외로 많습니다. 글쓰기는 손과 머리만 있다면 언제 어디에서든 할 수 있답니다. 꼭 공부를 해야 하는 시험기간에 글로 도피하는 최악의 경우만 아니라면 자녀들이 글 쓰는 것을 말리지 않으시는 편이 좋답니다. 만약 자녀분이 다른 또래의 작가들과 자신을 비교하며 우울해한다면 박완서 선생님의 이야기를 들려주세요. 잘 알려진 것처럼 그분은 마흔이 넘은 나이에 작가의 삶을 시작하셨지요.

아직 학생일 때 출간제의가 들어왔다면?

페이지를 다시 앞으로 넘겨서 6부의 'NO라고 말할 수 있어야 한다'를 다시 꼼꼼히 읽어보셔야 합니다. 학생의 신분일 때 출간한다는 것은 여러 가지 리스크를 감당해야 하므로 부담이 큽니다. 양작가는 대학생일 때 정식 연재를 시작하여 이북 출간까지 했지만, 학업과 일이 양립되지 않아 결국 휴학을 선택했어요. 정작가는 고등학교 때부터 취미로 글을 쓰기 시작했으나 방학 때만 했고요. 글을 쓰게 되면 어찌되었든 학업에 영향이 갈 수밖에 없습니다. 하물며 출간 제의가 들어오면 더 심해지겠지요. 정식으로 계약하게 되면 원고 인도(마감)일을 꼭 지켜야 하니까요.

● 선택 A : 출간해보는 것도 다 경험! 허락한다면?

부모님들. 이때부터 두 눈 크게 뜨시고 잘 보셔야 합니다. 자신의 선택에 존중해 출간 제의를 허락하셨다면 두 분의 책임이 아주 막중해지기 때문이죠. 앞서 말했듯이 양작가도 정작가도 학업 및 직장생활을 함께 하지 못했습니다. 만약 학생 때 정식 계약하여 책을 출판하게 된다면, 주변에 있는 가족이나 보호자가 도와줘야 합니다. 보호자 분께서 작가로서 데뷔할 자녀를 위해 지켜야할 것은 다음 두 가지입니다.

▶첫째. 공부할 때는 공부만, 글을 쓸 때는 글만 쓸 수 있는 환경 제공!

: 학업과 출판을 동시에 진행하려면 일정을 치밀하게 짜야 합니다. 어느 한쪽에 치우치면 생활의 균형이 깨지거든요. 공부할 때, 특히 시험기간에는 냉혹하게 글 쓰는 것을 막아주셔야 해요.

가끔 시험공부가 힘들어서 도피성으로 글을 쓰는 사람도 있습니다. 시험지에 낙서가 잘 되는 것과 같은 이치인데요, 굉장히 나쁜 습관이랍니다. 성적은 성적대로 망치고 글도 제대로 못 쓰게 되지요. 하지만 열심히 공부한 다음에 글을 쓸 때는 충분히 격려해주세요. 또 출판할 것을 허락하셨다면 적어도 글을 쓸 때는 학업에 영향이 가지 않는 선에서 한 발 떨어져 지켜봐주시기 바랍니다.

▶둘째. 미성년자도 봐주지 않는 마감일을 체크하고 관리하라!

: 이 부분은 계약을 체결할 때부터 신중히 보셔야 합니다. 사실상 본편 6부의 '계약서 꼼꼼히 읽기'는 부모님이 가장 주의해서 보셔야 할 내용이었지요? 충분히 지킬 수 있다고 생각한 기간보다 조금 더 넉넉하게 원고 인도일을 잡으시되 그것마저도 절대 안도하면 안 됩니다. 언제든지 변수가 생길 수 있으니까요.

체계적으로 계획을 세우고 그것을 지키는 습관이 되어 있지 않는 한 학생이 마감을 지키기란 무척 어려운 일입니다. 그래서 보호자의 도움이 필요한데요, 함께 스케줄을 짜며 의논도 해보고 때로는 다그치기도 해야 합니다. 절대 어겨서는 안 될 마감일! 꼭 지킬 수 있도록 곁에서 도와주세요. 그러기 위해 계약서에서도 '보호자 동의'란에 도장을 꾹 찍은 것이니까요!

● 선택 B : 성적이 더 중요해! 출간 제의를 허락하지 않았
다면?

　학생이 갈팡질팡했더라면 충분히 대화로 설득 가능한 일입니다. 하지만 출간을 꼭 하고 싶었는데 보호자가 막았다면 자녀분은 굉장히 골이 나 있을 거예요. 항상 자식 걱정하는 부모 마음에 성적이 떨어지면 미래가 불투명해질까 봐 반대하신 것일 테지요. 하지만 무작정 안 된다고만 하면 다툼으로 번질 수가 있습니다. 이때는 보호자가 한 발 양보하는 미덕이 필요합니다. 바로 정식 계약하는 시기를 뒤로 미루는 것이지요. 적어도 학업에 영향이 가지 않는 시점이 올 때 허락하겠다는 식으로요. 그 시점이란 목표로 한 성적일 수도 있고, 자녀가 쓰고 있는 글의 완결이 날 때일 테지요.

　자녀들의 가능성은 무한합니다. 미래에 어떻게 될지 한 치 앞도 모르는 만큼, 기회도 더 많이 찾아올 거예요. 자녀가 넘어지면 일어서는 법을 알려주세요. 잘못된 길로 들어서면 따끔한 충고를 주시고요. 하지만 그 외의 일은 그냥 지켜봐주시면 좋겠습니다. 인생을 결정하는 일은 누구에게나 자기 몫이자 의지이고, 또 책임이기도 하니까요. 자녀분이 인생의 기로에 서서 무엇인가를 선택하려 할 때, 간섭이 아닌 조언을, 핀잔이 아닌 독려를 해주세요. 부모님(보호자)은 자녀들의 영원한 조력자이자 멘토이니까요!

Thanks to...

- Q&A 및 예시 원고 – 전북대학교 국어국문학과 김채린

- 연재 사이트 자료 도움 – 카페 블루 비어드

- 원고 감수 – 김채진

- 북 디자인 – 들녘 디자인팀

- **든든한 조력자 – 두 작가의 가족**(부모님, 언니 사랑합니다!)

마지막으로 두 작가를 오랜 기간 지켜봐주신 독자님들께
감사와 사랑의 인사를 전합니다!!